LE

DROIT MONARCHIQUE

En 1883

PAR

M. J. DU BOURG

PARIS

OUDIN FRÈRES, LIBRAIRES-ÉDITEURS,

51, RUE BONAPARTE, 51

—

1883

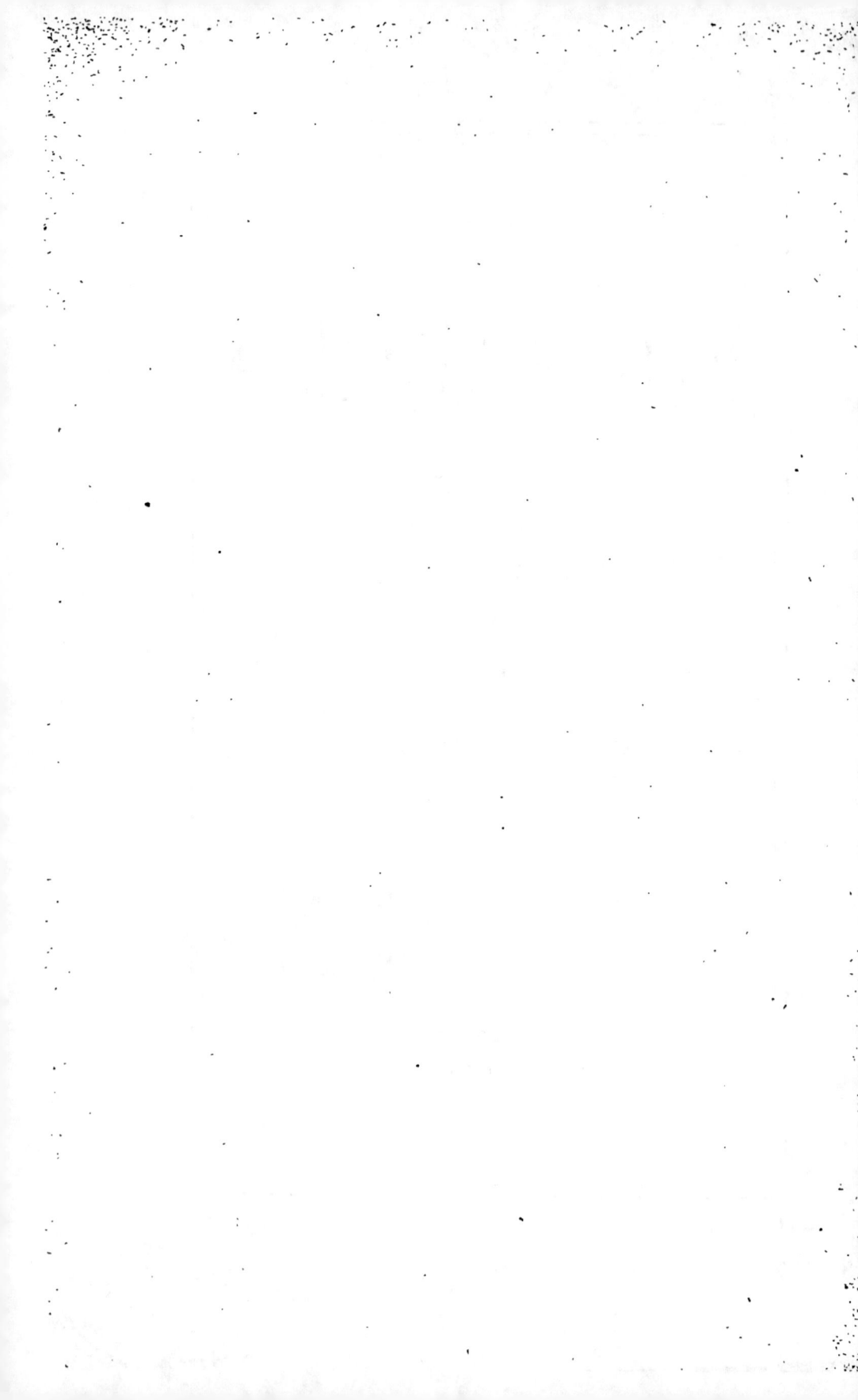

LE

DROIT MONARCHIQUE

En 1883

PAR

M. J. DU BOURG

PARIS

OUDIN Frères, Libraires-Éditeurs,

51, RUE BONAPARTE, 51

—

1883

LE DROIT MONARCHIQUE

En 1883.

I. — AVANT-PROPOS

Je tiens à ce que les premières lignes de cet écrit soient une déclaration sur son caractère personnel. Ce n'est en vertu d'aucun mandat, ni sous une impulsion autre que celle de ma conscience, que je publie cette brochure.

Quand on se trouve entouré d'opinions contraires à la sienne, il y a une espèce de lâcheté à ne pas l'énoncer; surtout quand on est convaincu qu'elle est la vérité, et que son triomphe, quelque difficile qu'il paraisse, est le seul moyen pratique d'arriver au bien religieux, social et politique, que l'on a rêvé toute sa vie.

L'admirable programme de Monsieur le Comte de Chambord nous promettait ce bien, qui lie intimement, dans les mêmes vues et les mêmes aspirations, notre foi de catholiques et notre amour pour la France.

Agenouillés sur la tombe du Roi, après avoir laissé s'épancher la douleur de cet attachement dévoué qui brava tout, qui fut notre force et notre joie, nous devons nous relever plus fermes que jamais dans l'accomplissement de nos devoirs envers notre pays. Nous devons chercher comme base indispensable à nos justes revendications, le principe fondamental de notre vieille monarchie, afin d'y retrouver l'inspiration de ses traditions et la stabilité de l'avenir.

Résoudre cette première question n'est pas sans présenter de sérieuses difficultés. La situation actuelle en France n'est pas faite pour faciliter aux légitimistes cette étude, d'où dépend cependant le maintien du principe qu'ils veulent servir. Trop de personnes se sont montrées disposées à faire leur l'opinion du plus grand nombre, sans l'avoir approfondie. Ayant réuni, pour moi-même ou sur la demande qui m'en était faite de plusieurs côtés, les principaux éléments nécessaires à cet examen, je les adresse aux hommes de bonne foi.

Je ne me fais aucune illusion sur l'accueil que ce petit travail recevra de la part de quelques-uns de mes amis. J'ai appris de l'auguste Prince, que j'ai eu l'honneur d'approcher pendant bien des années, que le devoir à accomplir doit être notre seule préoccupation, et que les contradictions humaines ne sont pas toujours des preuves certaines d'erreur. Aussi, fort de ma conviction, je soumets cette brochure au public, désireux de lui voir trouver un bienveillant accueil, mais décidé à ne pas me laisser arrêter par des attaques plus ou moins passionnées.

L'attachement respectueux, qui me lie aux Princes de la branche aînée des Bourbons, est trop ancien et trop sincère pour que je ne suive pas aujourd'hui avec confiance et satisfaction l'impulsion de ma raison. Dans le brisement de tout ce qu'il avait donné à Henri V, mon cœur trouve une vraie consolation dans la pensée qu'il doit maintenant s'attacher à ses neveux, dont la seule ambition sera toujours d'imiter Celui qu'ils pleurent avec nous. Ma conviction, je le constate avec regret, n'est pas celle du plus grand nombre de mes amis politiques, parmi lesquels se trouvent les hommes que j'aime et que j'estime le plus au monde. Si leur manière de voir a pu produire tout d'abord en moi hésitation et peine, elle n'a pu ébranler ma résolution, parce que je la crois vraie et juste.

En énonçant ma manière de voir sur cette question, j'use des prérogatives qui sont du domaine de tous; j'espère le faire sans blesser personne. Je le désire d'autant plus que, parmi ceux qui sont en contradiction d'idées avec moi, je trouve non seulement d'anciens adversaires politiques, mais encore des amis, à la bonne foi et aux sentiments desquels je dois rendre un hommage convaincu.

II. — LA SITUATION

Il est certain qu'un courant presque général de l'opinion publique s'est porté vers Monsieur le Comte de Paris. Mais ne trouvez-vous pas étrange que toutes les fois que dans la presse on parle de sa nouvelle situation politique, on écrive les mots: *ses droits incontestables*. S'ils le sont tant que cela, pourquoi en parler ? Est-ce pour entraîner l'opinion publique ? — Non, ce serait inutile.

Je ne crois pas me tromper en cherchant le motif naturel de cette constante déclaration dans un sentiment général, qui pressent qu'il peut y avoir litige au sujet de la légitime succession d'Henri V. On voudrait d'avance décourager toute autre revendication ; on voudrait se rassurer soi-même ; on voudrait se convaincre et voir tout le monde convaincu. Cette disposition de l'opinion vient moins d'un sérieux attachement au principe de l'hérédité monarchique et de la certitude qu'il est actuellement représenté par Monsieur le Comte de Paris, que d'un désir violent de sortir de l'état critique où se trouve la France. Tous les intérêts sont lésés ou menacés. On veut avant tout remplacer la République par un autre gouvernement. La monarchie, à concessions pratiques, représentée par le chef de la famille d'Orléans, semble facile à rétablir. On court vers cette solution, prêt à s'indigner contre tout importun qui chercherait à raisonner.

Quant à moi, je crois l'heure des désillusions peu éloignée. Alors on étudiera la question de plus près ; on cherchera où sont ces fameux *droits incontestables*. On se demandera quel est le prince qui les représente, et qui, en les représentant, peut réaliser le programme de Monsieur le Comte de Chambord.

Ce n'est pas seulement du présent, de ses difficultés et de ses exigences, que l'on doit se préoccuper, quand il s'agit de la vie d'une nation. C'est aussi, et surtout, de l'avenir. Dans notre époque d'égoïsme et de scepticisme, on peut le nier. Quant à moi, je suis absolument convaincu de la nécessité d'un principe fondamental pour constituer une société stable, forte et prospère.

On ne peut admettre qu'une atteinte quelconque soit utilement portée à la loi qui, depuis Hugues Capet, a réglé notre vie nationale. Le principe qui en est la base doit s'étayer sur toutes les vérités religieuses et sociales remises en lumière par Henri V. Il en avait formé comme un faisceau, qui restera la gloire de ce Prince, et fera de sa vie, passée en exil et loin du trône, celle d'un des plus grands Rois que nous ayons eus. La mise en pratique de ce programme sauvera le pays, qui, plus que jamais, a besoin d'un gouvernement fort et protecteur ; de l'influence de la foi catholique, qui seule peut inspirer les rapprochements sociaux indispensables à la paix d'une nation ; et de cette honnêteté politique rendant le pays au sens moral et à sa droiture naturelle. On ne pense plus guère aujourd'hui à ces idées, souvent combattues, il est vrai, mais devant lesquelles tous, amis et ennemis, se sont inclinés, en saluant la mémoire de Monsieur le Comte de Chambord.

Ce qui préoccupe aujourd'hui, c'est la prochaine arrivée au trône de Monsieur le Comte de Paris. Cet événement dans la pensée publique sera facilité par les concessions que ce prince fera de tous côtés et sur tous les points. Mais l'avenir? Mais les grands intérêts sociaux et religieux?... C'est vrai! Mais que voulez-vous? Débarrassons-nous de la République.

Je m'inclinerais sans hésiter devant la revendication de Monsieur le Comte de Paris si, comme beaucoup de mes amis, je croyais que le droit monarchique reposât sur sa tête. Mes efforts se borneraient à défendre avec eux, mais sans grand espoir de réussite, le programme auquel je crois attaché le salut et le bonheur de la France.

Mais ce que j'ai toujours regardé comme certain, n'a rien perdu pour moi de sa vérité : c'est que le droit monarchique repose sur les descendants du duc d'Anjou. Par conséquent, c'est de ce côté que je dois tendre, sans m'arrêter à des apparences actuelles d'impossibilité dans la revendication de leurs droits, et sans me faire illusion sur la situation politique du moment, ni sur les forces, qui semblent pouvoir être groupées autour de l'idée que je voudrais servir.

Mon seul but est de rechercher le droit et le vrai ; ma seule ambition est de me trouver parmi ceux qui travaillent à leur triomphe. Ma seule espérance est dans la providence de Dieu, dont les desseins sont souvent bien impénétrables, qui tient dans ses mains toutes puissantes la vie des Rois comme l'avenir des peuples, et qui donne le pouvoir à ceux qu'il choisit pour le châtiment ou le bonheur des nations. Oui, en présence de l'effondrement de nos plus chères espérances, j'aime à redire ma confiance inébranlable dans les miséricordes divines, et dans la protection de la mère de Dieu, à qui Louis XIII consacra la France et sa famille. Je crois en effet, que nous ne les aurons pas invoqués en vain pour la régénération de notre pays, et que nous ne pouvons triompher, qu'avec ce secours, de la franc-maçonnerie athée.

III. — TRAITÉ D'UTRECHT ET SES PRÉLIMINAIRES.

Si l'on jette un simple coup d'œil sur la généalogie de la famille royale, on se demandera pour quelle raison on pourrait contrevenir aux anciennes et immuables lois du royaume, en excluant du trône de France toute la descendance du duc d'Anjou, et en lui préférant celle de Gaston d'Orléans.

Ce qui a amené la grandeur de notre monarchie séculaire, ce qui lui a permis de faire l'unité de notre pays, de le conduire à travers toutes les difficultés pendant des siècles, c'est la manière rigoureuse et régulière dont le pouvoir s'est transmis. Certes il s'est trouvé des circonstances critiques, où le sceptre était placé entre les mains de princes enfants ou peu capables en apparence de dominer les dangers qui se présentaient. Cependant de cette fidélité réciproque de la nation et de la famille royale, du respect des liens qui les ont toujours unies et des règles qui fixaient l'ordre paisible des successions, est sortie cette force admirable qui a créé notre belle France, a assuré son existence et lui a donné son prestige dans le monde.

Depuis que la Révolution Française a porté la main sur ces institutions tutélaires, que de secousses politiques, que d'ébranlements sociaux! La nation ballottée ne sait ce qu'elle sera dans quelques années. Sans lendemain fixe, sans guide certain, sans institutions inébranlables, elle perd en luttes intestines cette vitalité, qui en faisait la première des puissances européennes. Malgré tous les déboires, les ingratitudes et les infidélités qu'elle a trouvés devant elle, la famille Royale est restée fidèle à sa mission ; toujours là, s'associant à la vie de la nation, ne revendiquant que des devoirs à remplir, que du dévouement à donner. En dépit de toutes nos perturbations politiques, plus que jamais, la France conservatrice a tourné dans ces derniers temps ses regards vers Monsieur le Comte de Chambord, et elle cherche aujourd'hui quel doit être son successeur.

Le doute semble étrange. Il est basé sur les faits historiques qui ont eu lieu en 1713.

Voici en quelques mots ce qui se passa. En 1700, Charles II, roi d'Espagne, meurt. Son testament désigne pour son successeur Philippe d'Anjou, petit-fils de Louis XIV et de l'Infante Marie-Thérèse, dé par le droit de cette dernière à la couronne d'Espagne. Sous le nom de Philippe V, le jeune prince français monte sur le trône. Mais les nouvelles coalitions, faites contre Louis XIV, son désir de mettre fin à des luttes épuisant le pays amenèrent, treize ans après, le traité d'Utrecht (1713). Par ce traité, le trône d'Espagne restait à Philippe V, mais celui-ci s'engageait pour lui et ses descendants à ce que les deux couronnes de France et d'Espagne ne seraient pas réunies sur la même tête. Louis XIV prenait le même engagement. L'Angleterre et les puissances coalisées demandèrent en outre, que, pour diminuer autant que possible la prépondérance des forces françaises, Philippe V renonçât, pour lui et ses descendants, à la couronne de France. Cette déclaration fut faite en termes aussi explicites que possible.

On lira avec intérêt le récit, que fait des négociations relatives au traité d'Utrecht, M. Duclos, de l'Académie française, historiographe de France (1).

L'affaire de Denain, suivie de plusieurs autres succès, fit regretter aux alliés de n'avoir pas accepté les conditions offertes à Gertruidenberg, et tous les articles de la paix furent bientôt arrêtés. Celui qui demanda le plus de discussion, regardoit les renonciations.

Nous avons vu que l'Angleterre exigeoit, pour préliminaire, que jamais les couronnes de France et d'Espagne ne pussent se réunir sur une même tête. Il s'agissoit donc de faire renoncer Philippe V pour Lui et sa postérité, à la couronne de France et que les Ducs de Berry et d'Orléans fissent une pareille renonciation à la couronne d'Espagne, sur laquelle ils avoient des prétentions, comme du chef d'Anne d'Autriche, femme de Louis XIII, aïeule du Duc d'Orléans et bisaïeule du Duc de Berry. Celui-ci avoit de plus les droits qu'il tenoit de Marie Thérèse, son aïeule, femme de Louis XIV. Ces renonciations étoient d'autant plus nécessaires, que Philippe V, avant que de passer en Espagne, avoit pris pour la conservation de ses droits à la couronne de France, des lettres patentes, telles que Henri III

---

(1) *Mémoires secrets sur le règne de Louis XIV et de Louis XV*, à Paris, chez Buisson, rue Haute-Feuille, 20. 1791. Chapitre premier, pages 44 et suivantes.

les avoit, en allant régner en Pologne. D'ailleurs Philippe V, dès le commencement de son règne (1703), avoit donné une déclaration interprétative du testament de Charles II pour assurer les droits du Duc d'Orléans à la couronne d'Espagne ; et ceux du Duc de Berry faisoient un article du testament même :

Notre ministère opposoit :

« Que, par les lois fondamentales de France, le prince le « plus proche de la couronne est l'héritier nécessaire; « qu'il succède, non comme héritier simple, mais comme « maître du royaume; non par choix, mais par le seul « droit de sa naissance; qu'il ne doit sa couronne ni à la « volonté de son prédécesseur, ni au consentement de qui « que ce soit, mais à la constitution de la monarchie, à « Dieu seul ; qu'il n'y a que Dieu qui puisse le changer « et que toute renonciation seroit inutile. »

Milord Bolinbrock répondit :

« Vous êtes persuadés en France qu'il n'y a que Dieu « qui puisse abolir cette loi sur laquelle le droit de votre « succession est fondé, mais vous nous permettrez aussi de « croire dans la grande Bretagne, qu'un prince peut « renoncer à ses droits par une cession volontaire, et que « celui, en faveur de qui cette renonciation se fait, peut « être soutenu avec justice dans ses prétentions par les « puissances, qui ont accepté les garanties du traité. — « Enfin Monsieur, la Reine m'ordonne de vous dire que cet « article est d'une si grande importance, tant à son propre « égard, qu'à celui de toute l'Europe, qu'elle ne consentira « jamais à continuer des négociations de paix, à moins « qu'on n'accepte l'expédient qu'elle a proposé ou quel- « qu'autre aussi solide. (1) »

Louis, qui avoit si souvent dicté des conditions, n'étoit plus en état de rejeter, pas même de discuter, celles qui lui

---

(1) Voyez le rapport du Comité secret, imprimé à Londres, où se trouve le mémoire du 23 Mai 1712 de la cour de Londres, la réponse du Marquis de Torcy, ministre de France, et la réplique de Lord Bolinbrock.

étoient prescrites. — Il falloit consentir aux renonciations. — Les Anglois n'étoient pas encore séparés de leurs alliés, l'affaire de Denain n'étoit pas arrivée, et il y avoit autant de vérité que de compliment dans la lettre du maréchal de Villars au Duc d'Ormond, général anglois qui venoit de remplacer Marlebroug : « Les ennemis du Roi ont déjà « senti qu'ils n'ont plus avec eux les braves Anglois. »

Le ministère de France parut si opposé à la renonciation, que celui d'Angleterre offrit, pour Philippe V, l'alternative, ou de garder l'Espagne et les Indes, en renonçant actuellement pour lui et sa postérité au trône de France, ou d'y conserver tous ses droits, en cédant la couronne d'Espagne au Duc de Savoie et recevant en échange les royaumes de Naples et de Sicile, la Savoie, le Piémont, le Montferrat et le duché de Mantoue ; et, au cas que lui ou un des descendants parvînt à la couronne de France, tous ces états échangés y seroient remis, à l'exception de la Sicile qui passeroit à la Maison d'Autriche. Louis XIV n'oublia rien pour engager son petit-fils à accepter le dernier parti ; mais Philippe avoit reçu trop de preuves de l'attachement des Espagnols pour les abandonner. Il ne balança pas et (le 5 novembre 1712) fit en plein Cortès sa renonciation à la couronne de France (1). Le jour suivant il en donna avis à son frère, le Duc de Berry, par une lettre communiquée à la Junte (2) et qu'il accompagna d'un modèle de renonciation à la couronne d'Espagne pour les Ducs de Berry et d'Orléans.

La renonciation, faite au nom de ces deux princes dans les Cortés d'Espagne, y avoit toute la force et l'authenticité possibles. Il n'en étoit pas ainsi de celle de Philippe en France. Il falloit qu'elle y fut ratifiée avec le même appareil que les deux autres l'avoient été à Madrid. Louis XIV offroit de faire enregistrer au Parlement une déclaration contenant les renonciations respectives ; mais les Anglois, et surtout leurs alliés, pour rompre les négociations et pour continuer la guerre, exigeoient la sanction des Etats Géné-

(1) Les Etats Généraux se nomment en Espagne : Las Cortès.

(2) La Junte en Espagne correspond au Conseil d'Etat en France.

raux de France. Ils savoient combien les renonciations et les serments avoient déjà été illusoires. Louis XIII les avoit faits lors de son mariage avec Anne d'Autriche, Louis XIV les avoit renouvelés à la paix des Pyrénées en épousant Marie Thérèse. Cela n'avoit pas empêché l'invasion de la Franche-Comté et d'une partie des Pays-Bas Espagnols après la mort de Philippe IV. Quelle forme plus sacrée pouvoit-on donner aux renonciations sans la sanction des États ?

Louis, accoutumé à concentrer tout l'État dans sa personne, ne concevoit pas qu'on pût réclamer une autorité confirmative de la sienne. Cependant la paix devenoit tous les jours plus nécessaire, et il falloit contenter les alliés. Un comité composé des Ducs de Beauvilliers, de Chevreuse, de Charost, de Humilières, de Saint-Simon et de Noailles, fut chargé de chercher un moyen de parvenir au but qu'on se proposoit, sans l'assemblée des États.

On proposa de convoquer les princes du sang, les ducs et pairs, les ducs vérifiés, ou héréditaires non pairs, les officiers de la couronne, gouverneurs des provinces et les chevaliers de l'Ordre qui représenteroient la noblesse. Mais le corps de la noblesse ne pouvoit être régulièrement représenté, que par des députés nommés par elle-même ; le clergé ne se croiroit pas représenté par les pairs ecclésiastiques, si la noblesse ne croyoit pas l'être par les ducs et les officiers de la couronne ; le Tiers paraîtroit à l'instant et les parlements, qui en font la principale partie, ne seroient pas satisfaits de l'unique personne du Chancelier, qui, d'ailleurs ne seroit regardé que comme officier de la couronne. On en concluoit que cette assemblée, ne seroit qu'une fausse image d'États, qui, sans en avoir le poids et l'autorité, n'en blesseroit pas moins le Roi, qui n'en voudroit ni la réalité, ni l'apparence.

Saint-Simon ivre, jusqu'à la manie, de son titre de duc et pair, prétendoit que l'assemblée des princes du sang, des pairs, des ducs héréditaires et des officiers de la couronne, représenteroit parfaitement les parlements de la première, de la seconde et du commencement de la troisième race. Les mouvements de ce temps-là sont si obscurs qu'ils se prêtent à toutes sortes de systèmes. Saint-Simon avançoit que dans ces Parlements *placita*, il ne se trouvoit que les grands vassaux laïques et ecclésiastiques, ces derniers par leur titre seul de grands vassaux. L'armée, qui étoit proprement la noblesse, assemblée dans le Champ de Mars, sans délibérer elle-même, attendoit et recevoit les décisions, les lois des Placita. Les discussions de notre comité ne décidoient pas l'affaire; Bolinbrock la termina sur la forme, avec les alliés, comme il l'avait fait déjà, sur le fond, avec notre ministre.

Depuis longtemps la France et l'Angleterre jouent le principal rôle dans les guerres générales de l'Europe. Dès que ces deux puissances, qui fournissent les subsides, sont d'accord, les autres sont bientôt obligées d'accéder. Dans le système actuel, la nation la plus riche fait la loi.

La reine d'Angleterre consentoit à la paix, et Bolinbrock, son ministre, avoit intérêt à la faire, pour abaisser le parti de Marlebroug. D'ailleurs, dans un voyage qu'il avoit fait en France, pour discuter les préliminaires, il avoit été très sensible aux égards que le roi lui marquoit. Quoique ce prince fut alors dans un état d'humiliation, l'Europe étoit depuis si longtemps accoutumée à le regarder comme le grand roi, que l'impression en subsistoit encore. — Un étranger, quel qu'il fût, se trouvoit très flatté des moindres distinctions de ce monarque. Buis, plénipotiaire des Hollandais, qui dans les conférences avoit déclamé si indécemment contre le Roi, étant venu ensuite ambassadeur en France, devint un de ses plus passionnés admirateurs.

Bolinbrock, fit donc approuver aux alliés le projet de déclaration, que le roi avoit offert, sur les renonciations. Il leur fit voir que si, la France étoit jamais assez puissante pour revenir sur ses engagements, rien ne l'arrêteroit; mais que l'intérêt des puissances réunies de l'Europe seroit la plus sûre des garanties, la force étant toujours entre les princes l'interprète des traités.

Les principes ou les préjugés nationaux sont inaltérables. On étoit généralement persuadé, en France, que si la famille royale, la branche directe, venoit à s'éteindre, l'aîné de la branche espagnole passeroit sur le trône de

France, au préjudice de tous les princes du sang qui ne seroient pas sortis de Louis XIV, Louis XV, etc. On n'étoit pas moins convaincu que les deux couronnes ne seroient pas réunies sur la même tête.

La forme des renonciations étant convenue, les ducs de Berry et d'Orléans se rendirent (le 15 mars 1713) au Parlement, où se trouvèrent réunis le duc de Bourbon, le prince de Conti, princes du sang, les deux légitimés, le duc de Maine et le comte de Toulouse, cinq pairs ecclésiastiques et ce qu'il y avoit de pairs laïques en état d'y assister. Le chancelier (de Pontchartrain) n'ayant pas eu ordre du Roi d'y aller, ne fut pas fâché de s'en dispenser, sachant mieux que personne la valeur de cette cérémonie.

Le duc de Shreswburg et Prior, plénipotentiaires d'Angleterre, le duc d'Ossonne, plénipotentiaire de l'Espagne à Utrecht, qui étoient pour lors à Paris, étoient placés dans une des lanternes ou tribunes, chacun ayant une copie des pièces, dont on alloit faire le rapport, pour en suivre la lecture.

Les gens du roi, ayant exposé le sujet de l'assemblée, le doyen du Parlement (Le Nain) lut la lettre de cachet, et les lettres patentes du mois de décembre 1700, qui conservoient à Philippe V et à sa branche, quoique absente et non régnicole, les droits à la couronne de France. On lut tout de suite sa renonciation, qui fut mise en marge des registres pour annuler les lettres patentes.

De là on passa aux renonciations des ducs de Berry et d'Orléans à la couronne d'Espagne, pour eux et pour leur postérité mâle et femelle.

Les conclusions du procureur général, et l'arrêt du Parlement furent lus et approuvés; les magistrats sortirent pour prendre la robe rouge, revinrent se placer aux hauts sièges et l'arrêt fut prononcé en pleine audience et à portes ouvertes.

Je dois faire observer que le roi d'Espagne, prenant dans ses qualités celle de roi de Navarre et de duc de Bourgogne, le Parlement mit dans l'enregistrement : Sans approbation des titres.

Le récit précédent est confirmé dans ses plus petits détails par tous les historiens (*). Le point saillant de tous les pourparlers diplomatiques, relatifs au traité d'Utrecht, est en définitive l'engagement, imposé par les puissances et accepté par Louis XIV et Philippe V, de ne pouvoir réunir sur la même tête les couronnes de France et d'Espagne. Pour assurer ce résultat, on demanda les renonciations de Philippe V à la couronne de France, du duc de Berry et du duc d'Orléans à celle d'Espagne. Nos diplomates insistèrent sur le peu de validité de ce dernier acte demandé, parce qu'il était contraire au droit national. On passa outre, sans se faire illusion ni d'un côté ni d'un autre. L'absence du grand chancelier de France, M. de Ponchartrain, à la cérémonie des renonciations, fut une protestation contre leur illégalité, et une indication du peu de gravité qu'on y trouvait dans l'opinion publique.

IV. — LES RENONCIATIONS

Le texte de ces renonciations est solennel ; je le reproduis :

« Le Roi

« Don Philippe, par la grâce de Dieu, roi de Castille... Il a été convenu de ma part et de celle du Roy mon grand-père que, pour éviter en quelque temps que ce soit l'union de cette monarchie à celle de France, il se fît des renonciations réciproques, pour moi et tous mes descendants à la

(*) Je citerai entre autre le Père Daniel (*Histoire de France*, tome seizième, qui comprend le journal et les traités du règne de Louis XIV, — et M. Guizot, *Hist. de France*, tome I, liv. V, ch. XIV.

2

succession de la monarchie de France, le cas avenant, et de la part des princes de France et de toute leur ligne présente et à venir, à la succession de la monarchie d'Espagne, faisant réciproquement une abdication volontaire de tous ces droits que les deux maisons royales d'Espagne et de France pourraient avoir de se succéder mutuellement, séparant par les moyens justes de ma renonciation une branche de la tige royale de France et toutes les branches de France de la tige du sang royal d'Espagne.

« J'ai résolu, en conséquence de ce qui est ci-dessus exposé, d'abdiquer pour moi et pour tous mes descendants le droit de succéder à la couronne de France.

« De mon propre mouvement, de ma libre, franche et pure volonté, moy, don Philippe, par la grâce de Dieu roy de Castille....., je renonce par le présent acte, pour toujours et à jamais, pour moy-même et pour mes héritiers et successeurs, à toutes prétentions, droits et titres que moy ou quelques autres de mes descendants que ce soit, ayent dès à présent ou puissent avoir en quelque temps que ce puisse être à l'avenir, à la succession de la couronne de France.

« Je les abandonne et m'en désiste pour moy et pour eux, et je me déclare et me tiens pour exclu et séparé, moy et mes enfants, héritiers et descendants perpétuellement, pour exclus et inhabiles absolument et sans limitation, différence ny distinction de personne, de degré, sexe et temps, de l'action et du droit de succéder à la couronne de France.

« Et je veux que l'on regarde ce droit comme passé et transféré à celui qui se trouvera suivre en degré et immédiat au Roy par la mort duquel la vacance arrivera et auquel successeur immédiat on défèrera la succession de ladite couronne de France en quelque temps et quelque cas que ce soit, afin qu'il l'ait et la possède comme légitime et véritable successeur, de même que si moy et mes descendants n'eussions pas été nés ni ne fussions pas au monde, parce que nous devons être tenus et réputés pour tels.

« Je veux et consens pour moy-même et pour mes descendants que dès à présent ce droit soit regardé et considéré comme passé et transféré au duc de Berry, mon frère, et à ses enfants et descendants mâles, nés en légitime mariage et au défaut de ses lignes masculines au duc d'Orléans, mon oncle, et à ses enfants et descendants mâles nés en légitime mariage.

« Je promets et m'oblige en foy et parole de Roy, que de ma part et de celle de mes enfants et descendants nés et à naître, je procurerai l'observation et l'accomplissement de cet acte, sans permettre ny consentir qu'il y soit contrevenu directement ou indirectement, en tout ou en partie.

« Si, sous quelque prétexte, nous voulions nous emparer dudit royaume de France par la force des armes, faisant ou excitant une guerre, je veux dès à présent qu'elle soit tenue, jugée et déclarée illicite, injuste, mal entreprise et pour par violence, invasion et usurpation, faite contre la raison et contre la conscience. Et qu'au contraire l'on juge et qualifie pour juste, licite et permise celle qui sera faite ou excitée par celui qui, au moyen de mon exclusion, et de celle de mes enfants et descendants, devra succéder à la dite couronne de France; que ses sujets et naturels ayent à le recevoir, à lui obéir, à lui prêter le serment et hommage de fidélité comme à leur Roy, et à le servir.

« J'engage de nouveau ma foy et parole royale, et je jure solennellement par les Evangiles contenus en ce missel sur lequel je pose la main droite, que j'observerai, maintiendrai et accomplirai le présent écrit, et acte de renonciation, tant pour moy que pour mes successeurs, héritiers et descendants dans toutes les clauses qui y sont contenues, selon le sens et la construction le plus naturel, le plus littéral et le plus évident.

« Je le signe et ordonne qu'il soit scellé de mon scel royal.

« A Buen-Retiro, le 7 novembre mil sept cent-douze.

MOY LE ROY

Contresigné : Manuel de Vadilloy-Vélasco, notaire et écrivain public du Roy et ses Royaumes et seigneureries. »

Le 24 novembre 1712.

La question de fait est indéniable ; mais elle importe peu si la question de droit l'annule.

Les Princes appelés à la couronne ne peuvent à volonté renoncer à ce droit, parce que ce droit est plus national que patrimonial ; parce que, étant une loi fondamentale, la sécurité, l'ordre, la vie même de l'Etat reposent sur cette base : il est donc inaliénable. Il dérive du pacte conclu entre Hugues Capet et les représentants de la France, qui le portèrent sur le pavois. La nation choisit alors la famille Royale pour gérer ses intérêts, lui assurant honneurs, pouvoir, dévouement et fidélité, à condition que la couronne serait héréditaire de mâle en mâle par ordre de primogéniture, sans pouvoir être aliénée. La famille royale, qui accepta la couronne à ces conditions, ne peut les violer (*Qui sentit commodum et onus sentire debet*).

Il est facile de conclure de ces idées générales, admises par tout le monde, que Philippe V n'avait pas le droit de faire la renonciation, qu'il signa d'après la volonté de son grand-père. Ce que validement, de sa seule volonté, et sans le concours de la nation, il ne pouvait faire pour lui-même, il le pouvait encore moins pour ses descendants. En effet, nos Princes et nos Rois, les Parlements et les Etats-Généraux, les jurisconsultes, tant nationaux qu'étrangers, ont toujours et unanimement reconnu que le Roi de France ne tient rien de ses ancêtres, si ce n'est la vie. Les devoirs du trône s'imposent au prince désigné par sa naissance pour l'accomplissement du pacte national, en dehors de la volonté de son père. Il est lié d'avance et se trouve à la mort de son prédécesseur saisi par le droit national.

L'édit de juillet 1717, époque rapprochée de celle qui

nous occupe, constate officiellement ce point. Je ne citerai que cet exemple. L'édit parle de la loi salique, loi fondamentale du royaume :

*Laquelle nous met dans l'*HEUREUSE IMPUISSANCE *d'aliéner le domaine de notre couronne. Nous savons qu'elle n'est à nous que pour le bien et le salut de l'*ÉTAT, *et que par conséquent l'*ÉTAT SEUL *aurait le droit d'en disposer dans un triste événement.*

La conclusion découle d'elle-même de ces principes et de ces idées générales, qui n'ont jamais été contestés, savoir que la renonciation de Philippe V n'était valable ni pour lui *ni pour ses successeurs.*

V. — LOUIS XIV, PHILIPPE V ET LES

TRAITÉS D'UTRECHT

L'histoire reproduit une foule de faits manifestant jusqu'à l'évidence que la nullité des renonciations était reconnue par tout le monde, à l'époque où elles furent faites, et en particulier par les signataires du traité d'Utrecht. Je citerai certains de ces faits, qui prouvent, non la mauvaise foi des contractants (car ils avaient nettement parlé par la bouche des plénipotentiaires), mais la connaissance qu'ils avaient du droit national français et des liens primordiaux qui s'imposaient à eux.

1° L'Angleterre, toujours pratique dans le maniement de ses affaires, pressa, obséda Louis XIV, afin qu'il réunît les États-Généraux, dans le but de leur faire ratifier la renonciation du duc d'Anjou à la couronne de France. Il est évident que cette ratification aurait légalisé l'acte du petit-fils de Louis XIV. Les deux parties, ayant pouvoir dans ce contrat national, le chef de la famille royale et la nation par ses représentants, auraient consenti à l'acte qui privait l'avenir de la France d'une branche de ses princes. Louis XIV ne céda pas. Il ratifia personnellement la déclaration de son petit-fils ; ce qui n'avait aucune valeur légale. Le grand Roi n'avait pas plus le droit de reconnaître la renonciation du duc d'Anjou que de légitimer le duc du Maine et le comte de Toulouse, avec admission à la future succession au trône.

2° D'un autre côté, Philippe V, à la nouvelle de la mort de son neveu, le roi Louis XV, en 1728, abdiqua en faveur de son fils aîné, le prince des Asturies, qui préférait la couronne d'Espagne et s'apprêtait à partir pour la France avec son second fils, lorsqu'un nouveau courrier contredit la nouvelle de la mort du roi Louis XV et annonça sa convalescence. J'inscris ici le récit que fait de cet incident Duclos, dans ses mémoires secrets (Tome 1er, note de la page 52).

« Louis XV ayant la petite vérole, au mois d'octobre 1728, et le courrier ayant manqué un jour en Espagne, Philippe V supposa que le Roi son neveu était mort ; il fit aussitôt assembler la Junte, et déclara qu'il allait passer en France avec le second de ses fils, laissant la couronne d'Espagne au prince des Asturies, son aîné, qui la préférait : lequel fit dans la chapelle sa renonciation à la couronne de France. Les ordres étaient donnés pour partir le lendemain, mais le courrier apporta, au moment du départ, la nouvelle de la convalescence du Roi. Je tiens ce fait de la duchesse de Saint-Pierre, dame du palais de la reine d'Espagne, et du maréchal de Brancas, ambassadeur de France à Madrid, présents à la cérémonie de renonciation du prince des Asturies. »

Il ne reste de cet incident que la preuve matérielle de la croyance de Philippe V dans le peu de validité de l'acte qui lui avait été imposé.

3° Je citerai encore à l'appui de cette même pensée un passage des mémoires de M. le marquis de Torcy, l'habile négociateur des traités d'Utrecht. Il est écrit dans ses notes au sujet de cet acte de renonciation :

« Le public décidoit que la renonciation de la feue reine Marie-Thérèse, quand même elle seroit valable, ne pouvoit obliger les enfants qui n'existoient pas, au temps d'un acte que l'autorité paternelle avoit exigé ; que, puisque un mineur peut, dans sa majorité, revenir contre les dispositions faites à son préjudice pendant qu'il étoit en tutelle, la même faculté, à plus forte raison, étoit réservée nécessairement aux enfants privés par quelque acte, que ce puisse être, d'une succession légitime. »

Cette théorie, absolument vraie et raisonnable, s'applique non seulement à l'héritage de Marie-Thérèse, mais aussi à celui de Louis XIV. Elle est confirmée en ce qui touche Marie-Thérèse, par les décisions du pape Innocent XII, assisté de trois cardinaux, ainsi que par l'avis du Conseil d'Etat et Justice d'Espagne, et par celui du Conseil de Castille. Consultés séparément par Charles II d'Espagne, sur la validité des renonciations des deux infantes ses filles, ils eurent *séparément* la même opinion et reconnurent que les renonciations étaient nulles, et que les descendants des princesses étaient successeurs de *droit* à la couronne.

Cependant Marie-Thérèse avait solennellement, et par trois fois prêté serment sur les saints Evangiles de renoncer à la couronne d'Espagne pour elle et pour ses descendants. Mais la loi de justice prévaut. Cette loi défend aux souverains de rien changer à ce qui est l'essence du droit constitutif de leurs peuples.

4° Dans les relations diplomatiques qui eurent lieu entre l'Angleterre, le duc d'Orléans et l'abbé Dubois, un an avant la mort de Louis XIV, se manifeste clairement l'opinion de l'Angleterre sur le peu de valeur de l'acte de renonciation. Lord Stairs, ambassadeur d'Angleterre en France, cherchait, sur cette constatation, à grouper un parti politique en France, dont le duc d'Orléans et l'abbé Dubois devinrent les agents principaux, afin de lier leur ambition aux intérêts anglais par la crainte des revendications de Philippe V ou de ses descendants (*Voir aux pièces justificatives,* p. XIX)

VI. — LES D'ORLÉANS ET LE TRAITÉ
D'UTRECHT.

1. — Je ne puis enfin passer sous silence, pour prouver la manière dont l'acte de Philippe V était apprécié et interprété, la discussion qui se produisit à l'instigation de Monsieur le duc d'Orléans (Philippe Egalité) devant l'assemblée Constituante.

Son influence était toute-puissante dans cette réunion parlementaire. Il n'obtint pas néanmoins le vote qu'il désirait. Elle décréta, après trois jours d'orageuse discussion, l'hérédité monarchique, de mâle en mâle, par ordre de primogéniture, sans rien préjuger des revendications des descendants du duc d'Anjou.

Il est à remarquer même en dehors du résultat de ces délibérations, que là se trouve une nouvelle consécration du Droit National, tel que je l'ai exposé plus haut, de ce droit national, reposant sur le pacte, conclu entre la famille royale et les représentants de la nation, et ne pouvant être rompu que par le consentement mutuel des parties contractantes.

2. — En 1829, lorsque Ferdinand VII, roi d'Espagne, fit son testament, en faveur de sa fille dona Isabelle, M. le duc d'Orléans (Louis-Philippe, plus tard Roi des Français, après la révolution de 1830), se prononça aussi sur cette question, en manifestant des appréhensions relatives à l'héritage de ses enfants. Je cite ici les notes du prince de Polignac, alors ministre de Charle X :

« A l'époque où se traitait la question de la succession d'Espagne, Monseigneur le duc d'Orléans (Louis-Philippe) me rendait de fréquentes visites au ministère des affaires étrangères. Il me remettait diverses notes tendant à prouver que : *Ferdinand VII, n'avait pas le droit d'abolir, par un simple décret, un ordre de succession reconnu par l'Europe, et garanti par des traités.* Il me pressait vivement d'engager le roi à prendre des mesures propres à rétablir en Espagne, les choses dans leur premier état. S. A. R. prêchait un converti : mais je devais garder le silence sur les projets du roi. Le duc d'Orléans crut sans doute, que je ne partageais pas son avis, car il me dit un jour :

« Ce n'est pas seulement comme Français, que je prends « un vif intérêt à cette question, c'est aussi comme père. « Dans le cas en effet (ce qui n'arrivera jamais de notre

« temps) où nous aurions le malheur de perdre Monsei-
« gneur le duc de Bordeaux, sans qu'il laissât d'enfants
« mâles, la couronne reviendrait à mon fils aîné, pourvu
« que la loi semi-salique fût maintenue en Espagne ; car,
« si elle ne l'était pas, la renonciation faite par Philippe V,
« au trône de France, en son nom et en celui de ses des-
« cendants mâles, serait frappée de nullité, puisque ce
« n'était qu'en vertu de cette renonciation, que les descen-
« dants mâles de ce prince ont acquis un droit incontes-
« table à la couronne d'Espagne. Mais si ce droit leur est
« enlevé, ils peuvent évidemment revendiquer celui que
« leur donne la loi salique française à l'héritage de
« Louis XIV. Or, comme petit-fils de ce monarque, ils
« deviennent la branche aînée ; ils passent avant mes
« enfants. »

« Nous avons toujours maintenu les droits de la branche
masculine des enfants de Philippe V à l'héritage de Ferdinand VII ; par conséquent nous n'avons jamais admis
l'hypothèse de la revendication des princes de cette lignée.
Nous distinguons dans l'établissement de Philippe V en
Espagne, par suite du traité d'Utrecht, deux choses qu'on
a toujours confondues : le droit incontestable qu'avait un
fils de Louis XIV d'accepter la couronne d'Espagne, en
renonçant à des droits éventuels au trône de France, et
l'extension de cette renonciation à ses héritiers.

« Le droit d'accepter la couronne d'Espagne tient à la
liberté intime de l'homme ; il n'avait besoin d'aucune
sanction des assemblées françaises. On ne pouvait forcer
un prince à être roi de France, malgré lui. Mais il n'en est
pas de même de la renonciation, faite par ce prince, pour
ses descendants. Cet acte, qui privait la France d'une
branche de sa dynastie, exigeait la sanction d'une assemblée nationale, qui aurait sans doute réservé à la France
la faculté de retrouver, dans les rameaux de la branche
devenue espagnole, des héritiers du sang de Louis XIV.
Tout en réglant les conditions de cette réintégration, de
manière à sauvegarder deux grands intérêts de la France :
1° celui de n'être jamais gouvernée que par des princes
élevés en France ; 2° celui de conserver intacte sa nationa-

lité, en s'assurant que jamais, les deux couronnes de France et d'Espagne, ne pourraient être réunies sur la même tête ; ce qui était l'objet du traité d'Utrecht.

« Si donc la renonciation de Philippe V, avait été soumise à une Assemblée nationale française, nous ne doutons pas, que cet acte n'eût été approuvé, en ce qui concernait Philippe V, et qu'elle n'eût réservé la faculté d'être réintégrés dans leurs droits éventuels à la couronne de Louis XIV, à ceux des princes de cette branche, qui, ramenés en France dès leur enfance, y seraient élevés sous la tutelle du roi. Nous ne doutons pas davantage, que la même assemblée n'eût stipulé que jamais les deux couronnes ne pourraient être réunies sur la même tête.

« La crainte qui agitait Louis Philippe était donc fondée sur la négation du droit des assemblées générales de France. Il croyait donc que le titre de succession des princes était tout indépendamment du droit public des nations. Les troubles et les guerres, qui n'auraient pas manqué d'agiter la France et l'Europe, si la revendication qu'il prévoyait, avait pu se réaliser et détruire les stipulations du traité d'Utrecht, prouve l'utilité d'un droit public, embrassant et réglant l'application du principe d'hérédité. »

Il y a des réserves à faire sur les appréciations du duc d'Orléans, par rapport à la perte des droits des descendants du duc d'Anjou, même dans le cas où l'un d'entre eux occuperait le trône d'Espagne, et au besoin sur l'opinion du prince de Polignac relativement à la ratification de ces mêmes droits par une assemblée parlementaire. Je ne cite ces faits, qu'à titre de documents, indiquant les préoccupations des hommes politiques à diverses époques.

3. — Sans remonter dans le passé, la famille d'Orléans, par la situation actuelle de M. le duc de Montpensier en Espagne, a elle-même reconnu comme nulles les

déclarations, conséquences du traité d'Utrecht. En
effet, pour calmer les préoccupations qu'avaient alors
(1713) les puissances européennes, et céder à leurs
exigences, en même temps que Philippe V renonçait à
la couronne de France pour lui et ses descendants, le
duc de Berry et le duc d'Orléans firent à l'égard du
trône d'Espagne, les mêmes déclarations. Or, il y
a peu de temps, M. le duc de Montpensier a été
inscrit, sur ratification des Cortès, comme Infant, avec
désignation de rang, pour la succession au trône
d'Espagne. Si donc, M. le duc de Montpensier et les
membres de sa famille, veulent de cette situation, — et ils
l'ont acceptée, — comment peuvent-ils opposer des droits
incontestables à ceux des descendants du duc d'Anjou?

Ainsi toutes les générations des princes de la famille
d'Orléans, en voulant repousser la branche du duc
d'Anjou du trône de France, ou en cherchant à y arriver eux-mêmes, ont reconnu la possibilité des revendications des descendants de Philippe V, et par conséquent leurs droits. Je pourrais mentionner d'autres
faits analogues, et tout contemporains ; mais c'est
inutile pour le sujet qui nous occupe.

VII. — SUCCESSION LÉGITIME.

Tous ces faits prouvent surabondamment que l'acte
de Philippe V était nul, était reconnu comme tel
à toutes les époques, et que les droits légitimes de ses
descendants demeurent intacts.

Du reste, revenant sur la question des principes fondamentaux, je répèterai un propos trouvé dans le numéro du *Soleil* du 5 septembre dernier, et mis dans la bouche de je ne sais plus quel royaliste : « *En fait de droit national, comprenez-vous ce que c'est que le traité d'Utrecht ? — Moi pas.* » C'est la vérité exprimée d'une manière saisissante. Un fait politique, quelconque, ne saurait porter atteinte à la base constitutive de la vie nationale. Sans cela toute pression extérieure, toute dissension intérieure, arrêteraient, transformeraient ce qui doit être indiscutable. L'objet de cette brochure en est un témoignage actuel.

Mais sur qui tombe le droit de succession légitime à la couronne de France ? La généalogie de notre famille royale l'indique clairement. Le droit national indiscutable et imprescriptible établit sur la tête de nos Princes des devoirs, dont ils comprennent la gravité et l'importance. Ils sont responsables devant Dieu et devant la France, de leur action, du bien qu'ils ont à faire, et du mal qu'ils peuvent empêcher. Aussi soyons-en certains, ils ne failliront pas à leur mission. Si le chef de la maison de Bourbon, après Henri V, le prince Jean, fatigué des luttes politiques, si Don Carlos, loyalement attaché à l'œuvre qu'il a chevaleresquement entreprise en Espagne, croient de leur devoir de renoncer à devenir nos chefs et nos Rois, c'est sur la tête du fils de Don Carlos, le prince Jacques de Bourbon et, à son défaut, sur le prince Alphonse de Bourbon, que retombent les charges morales du royaume de France. Don Carlos, dans une lettre récente écrite à Monsieur

Nocédal (*), déclare qu'il n'appartiendra jamais qu'à l'Espagne. On ne peut que s'incliner avec respect devant cette noble déclaration. Suivi par des troupes admirables de courage et de dévouement, il a revendiqué ses droits à la couronne d'Espagne. Il ne veut pas abandonner ceux qui lui ont été dévoués jusqu'à la mort, ceux qui ont versé leur sang sur les champs de bataille pour leur Roi, leurs *fueros* et les garanties gouvernementales qui défendent leur religion. Entre ces fidèles serviteurs et le Roi, il y a des liens qui ne peuvent être brisés. Je ferai seulement remarquer, que conformément aux principes des deux nations, Don Carlos n'a parlé dans sa lettre que de lui. — A son défaut, c'est son fils Jacques de Bourbon, que notre droit national saisit. Ce jeune prince a passé son enfance en France, il a été élevé au milieu de Français. Jusqu'à ce que le jeune Roi soit en âge légal de se mêler personnellement à nos luttes contre la Révolution, son plus proche parent, le prince Alphonse de Bourbon, porterait le poids de la tutelle politique : Représentant dans sa personne des garanties pour l'avenir de la France et de l'Es-

(*) « Mon cher Nocédal,

« Nous venons de rendre les honneurs suprêmes à mon oncle bien-
« aimé et la religieuse cérémonie s'achève dans la douleur et le
« recueillement de tous.

« Je n'ai jamais senti plus vivement que dans cette cruelle journée
« la force des liens indissolubles qui m'attachent à ma chère Espagne.
« C'est à elle seule que j'appartiens, et je lui appartiendrai toujours...

« Mes fidèles amis connaissent mes sentiments ; je veux pourtant les
« leur redire aujourd'hui par toi.

« Ton affectionné,
« CARLOS.

« Goritz, le 3 septembre 1883.

« *A Monsieur Nocédal, Madrid.* »

pagne, il rétablirait entre les deux pays ces affinités, qui créent les alliances fortes et durables. Louis XIV en comprenait la valeur et exprimait cette pensée par un mot devenu historique :

« Il n'y a plus de Pyrénées. »

Je le répéterai, ce mot : Il n'y a plus de Pyrénées, à ceux de nos amis politiques, qui regardent les descendants du duc d'Anjou comme des princes étrangers. Aujourd'hui, plus que jamais, nous devons comprendre l'utilité des liens qui unissent les couronnes et les peuples entre eux dans des vues de commune défense et de cordial concours. Ce but à atteindre était poursuivi par nos princes pour le bien de la France. La pensée de se fortifier par des alliances sérieuses et de diviser les forces étrangères est du reste la notion première de toute politique internationale. Pendant de longues années, sous François Ier et ses successeurs, tous les efforts de la France tendirent à rompre la puissance formidable de l'Autriche, de l'Espagne et des Pays-Bas, réunis sous la même couronne. Notre monarchie parvint à séparer ces forces redoutables ; et notre patriotisme devrait se souvenir que Philippe V, en montant sur le trône d'Espagne, porta le dernier coup à l'influence autrichienne dans ce pays : influence représentée par le roi Charles II, dernier descendant mâle de la branche d'Autriche, et revendiquée alors par l'archiduc Charles, qui disputa au duc d'Anjou le trône d'Espagne. Ainsi, en acceptant cette couronne, Philippe V et ses descendants ont continué à servir les intérêts de la France.

La révolution semble suivre une politique différente.

N'a-t-elle pas entraîné notre malheureux pays à la poursuite des théories désastreuses des nationalités, qui nous créent de tout-puissants ennemis, et nous laissent, devant eux, seuls, et sans moyens suffisants de résistance. Notre situation vis-à-vis de l'Italie et de l'Allemagne en est une preuve, hélas! trop indiscutable.

Au lieu de nous laisser payer de mots, qu'un chauvinisme irréfléchi et mal entendu est trop porté à accepter, souvenons-nous de nos anciennes mœurs nationales. Nos pères comprenaient mieux le rôle que doivent remplir nos princes. Ils surent rappeler et attendre Henri III, qui avait accepté la couronne élective de Pologne et qui dut partir clandestinement de son royaume pour échapper à l'attachement de ses sujets et revenir dans sa chère France.

Ils ne considérèrent pas non plus comme un étranger Henri IV, roi de Navarre (*), qui, en devenant un des types les plus populaires de nos rois, prouva qu'ils ne s'étaient pas trompés. Cependant la Navarre et le Béarn étaient entièrement indépendants de la France et ne lui furent réunis qu'à l'avènement d'Henri de Bourbon. Le souvenir de cette adjonction fut conservé dans le titre de nos souverains, qui furent depuis lors roi de France et de Navarre.

Souvenons-nous que les descendants du duc d'Anjou ont été, sont et seront toujours des Bourbons; et qu'en France les fils de saint Louis, d'Henri IV et de Louis XIV n'ont pas besoin de lettres de naturalisation ; car c'est

(*) Henri de Bourbon était souverain de la Navarre et de la seigneurie du Béarn, du chef de sa mère Jeanne d'Albret. Il ne relevait de la couronne de France que pour les fiefs de la Maison de Bourbon.

à leur race que depuis plus de dix siècles appartient le droit de les donner. Constatons en outre que ces princes ont conservé les principes et les traditions de notre monarchie française. Persécutés et chassés d'Espagne par la Révolution, ils les représentent et les défendent en même temps que la légitimité du trône. Le refuge qu'ils ont été obligés de chercher, ils l'ont choisi ou en France, leur mère-patrie, ou à proximité de l'auguste chef de leur race, notre bien-aimé Roi ; pour eux comme pour nous, là encore était la France !

C'est ainsi que depuis trois générations, les deux rameaux de la branche aînée des Bourbons se trouvent réunis dans les mêmes infortunes, par des luttes semblables contre leur ennemi commun, la Révolution, et dans la défense et l'affirmation des mêmes principes religieux et politiques. Monsieur le Comte de Chambord a été plus que le chef de sa famille ; il en a été et en restera le modèle et l'inspirateur. Et c'est à ces princes que vous venez contester la nationalité française ! Laissez donc de semblables scrupules à ceux qui s'inclinaient devant le génois Gambetta, l'anglais Waddington ou le badois Spuller. Mais pour nous, serviteurs fidèles et convaincus de la monarchie, ne nous laissons pas entraîner, sous de pareils prétextes, à violer l'application vraie du principe sur lequel elle repose.

VIII. — LA FUSION.

Les causes qui ont poussé l'opinion publique à regarder M. le Comte de Paris comme étant le représentant actuel du principe de la monarchie légitime en France, sont multiples. J'avoue qu'en les examinant avec attention, ma conviction ne peut être ébranlée.

La principale est ce que l'on a appelé la *fusion*. Ce terme désigne par lui-même la fausse appréciation qui était faite de l'acte qui rapprochait la famille d'Orléans de son roi et de son chef. Quand on part de l'idée du principe monarchique, dont Monsieur le Comte de Chambord était la vivante représentation, et qu'il a toujours invoqué avec tant de respect et de grandeur, on ne peut admettre la signification du mot : fusion, qui représente plutôt le mélange, l'union d'intérêts et de doctrines diverses, qu'une reconnaissance d'un droit, qu'une soumission devant le Roi légitime pour le bien général.

C'est là ce que Monsieur le Comte de Chambord a voulu éviter avant tout; la reconnaissance du principe monarchique était la condition mise à l'entrevue du 5 août 1873. Elle fut acceptée par Monsieur le Comte de Paris, qui, en se présentant devant le Roi, prononça la déclaration, ratifiée d'avance de part et d'autre. Monsieur le Comte de Chambord ne pouvait, par une transaction, rien stipuler en faveur de son cousin, attendu qu'il n'en avait pas le pouvoir. Ainsi

la *fusion* ne saurait donner, ni retirer aucun droit à
Monsieur le comte de Paris. Les conséquences de
l'entrevue du 5 août 1873 avait une grande portée politique ; mais elle n'en avait et ne pouvait en avoir d'autres. Elle tendait à réunir en un seul faisceau toutes
les forces monarchiques en face de la Révolution ; et
j'ajoute, non sans une certaine amertume, qu'elle
aurait pu par là amener une Restauration, si tout ce
qu'elle pouvait faire espérer s'était réalisé. Mais l'heure
n'est pas aux vaines récriminations ; je me suis du reste
promis de n'évoquer aucun souvenir du passé pouvant
envenimer la question à résoudre.

L'appréciation d'une certaine partie du public sur le
mot *fusion*, s'est fait de nouveau jour dans la dernière
entrevue de juillet 1883. Les racontars fantaisistes,
transmis par les reporters de certains journaux, ont
donné à la tendance de l'opinion, déjà signalée, un
courant plus accentué. La vérité est que cette entrevue
était une conséquence naturelle de celle de 1873, à
laquelle elle n'a rien *ajouté* ni rien *retranché*. Ainsi
que le disait la note officielle publiée dans l'*Union*,
l'attitude fut très cordiale de part et d'autre. Monsieur
le Comte de Chambord était trop loyal pour ne pas
tenir la parole de roi, qu'il avait donnée en 1873.
Comme homme, il était aussi trop profondément chrétien pour n'avoir pas voulu, sur son lit de mort, recevoir avec bienveillance ces princes, qui rappelaient à
son cœur de fils et de petit-fils des souvenirs doulou-
reux, et pratiquer ainsi une des vertus les plus
héroïques de notre religion, le pardon.

Je n'entreprendai pas l'examen de tout ce qui a été
dit ou publié à cet égard. L'excitation et l'entraînement

tendent à se calmer; le bon sens public fera justice
des exagérations passionnées. Le seul point sur lequel
j'insiste, est celui-ci: c'est que Monsieur le Comte de
Chambord n'est jamais, au sujet de la question de la
succession au trône, sorti d'une extrême réserve, que
lui imposait son profond respect pour le principe dont
il était le si noble représentant; cette réserve, il a
voulu la garder jusqu'au bout, elle a été observée
jusque dans le règlement des obsèques, qui devaient
garder le *caractère de famille*, en éloignant les con-
flits politiques. Noble prince, il a rempli sa mission
vis-à-vis de son pays; il lui a fait voir la vérité et le
salut; il a soutenu sa grandeur morale; il l'a aimé et
s'est voué pour accomplir ses devoirs, aux déboires de
longues luttes, souvent pénibles, et aux rigueurs de
l'exil; mais, n'ayant nul droit sur l'avenir, il n'a pas
cru devoir intervenir.

Parmi ses fidèles amis, un certain nombre cherche
à interpréter les passages de ses écrits, relatifs au
rapprochement de la famille d'Orléans, et croit y
découvrir l'expression de sa pensée sur une reconnaissance des droits de Monsieur le Comte de Paris à
sa succession. Une lecture attentive ne peut cependant
que confirmer mon affirmation, c'est-à-dire que Monsieur le Comte de Chambord a accueilli avec magnani-
mité et patriotisme la démarche de Monsieur le Comte
de Paris en 1873; qu'il en a parlé en termes bien
propres à exciter des remords chez tous ceux qui
n'ont pas fait des efforts sincères pour se grouper
autour de sa personne et de son principe; mais qu'il
n'y a rien de plus. Tous les écrits d'Henri V sont trop
nets, trop complets; ils disent trop bien sa pensée,

pour qu'on puisse sérieusement la transformer ou se méprendre sur son véritable sens.

La question est trop grave pour que je m'arrête aux récits des journaux, relatifs à la *seconde* entrevue des princes (juillet 1883) et regarder, comme des objections sérieuses, les mises en scène, dues à l'imagination des reporters et données en pâture à la curiosité fiévreuse du public. Certes il faut qu'une cause ait peu d'arguments concluants à son service pour recourir à de semblables secours.

On pourrait m'objecter encore que la France a le droit absolu de confier le pouvoir à qui bon lui semble ; que dans ce moment-ci, la majorité monarchique se prononce pour Monsieur le Comte de Paris ; et qu'ainsi la question est tranchée en sa faveur. Je fais d'abord remarquer que la décision n'est pas unanime, qu'elle se base pour une partie sur des données fausses (comme une pensée, que le roi n'a pas exprimée) et que, dans tous les cas, il n'est pas admissible de voir ainsi le suffrage universel envahir notre tradition. Quand le peuple a délégué l'exercice de la souveraineté à une dynastie, il n'a plus le droit de la lui reprendre, avant l'extinction de cette dynastie ; car le peuple est lié, comme Dieu lui-même par les lois, qu'il a faites. Si le droit de la royauté est un droit national, ce droit existe en vertu d'une loi d'ordre moral, loi de stabilité, de perpétuité dans la vie des peuples ; et toute loi morale est une loi divine. Le peuple peut la violer ; mais en la violant ou en l'interprétant mal, il ne la détruit pas. Il se détruit lui-même, en se livrant à la logique des révolutions.

Du reste les courants d'opinions n'ont qu'une valeur

relative; ils se succèdent les uns aux autres à court intervalle. Nous en avons vu un exemple frappant dans les derniers jours de l'Empire.

Je puis citer sur la question, qui m'occupe, semblable variation. En juillet 1835, sur le bruit de la mort de Monseigneur le duc de Bordeaux, la presse discuta la question de succession. La *Gazette de France* et la *Quotidienne* (devenue plus tard l'*Union*), à la tête de toute la presse royaliste, se prononcèrent pour les droits des descendants du duc d'Anjou. Aujourd'hui leur appréciation s'est modifiée. Ce qui ne prouve qu'une chose, c'est que les pensées humaines varient, suivant les influences qui agissent sur elles. D'où cette conclusion qui ressort éclatante, du besoin qu'a un peuple de baser son avenir sur des principes constitutifs, à l'abri des fluctuations des hommes, quelles que soient leur honorabilité, leur valeur intellectuelle et leur dévouement à ces principes.

IX. — CONCLUSION.

1° Il résulte de cette courte étude que rien ne peut et ne doit contrevenir aux règles de notre ancienne constitution; et que par conséquent c'est dans la branche aînée des Bourbons, que nous devons trouver notre roi;

2° Que le traité d'Utrecht et la renonciation de Philippe V ne pouvaient modifier un droit national, qui, pour produire son efficacité, doit toujours rester au-dessus des crises politiques; c'est ainsi que les conséquences des déclarations de 1712, ont été appréciées par ceux qui avaient été forcés de les faire. Depuis cette époque cette opinion s'est trouvée généralement confirmée, même par ceux qui avaient intérêt à la combattre ;

3° Que le prétexte de la nationalité n'est ni valable en droit, ni sérieux en application ;

4° Et qu'enfin la *fusion* n'a pu rien changer à la situation de Monsieur le Comte de Paris.

C'est donc en nous tournant vers les chefs de la famille royale des Bourbons que je pousse le cri de : Vive le Roi ! cri, toujours répété en France et redisant nos devoirs et nos droits. Devoirs de dévouement et de fidèle concours ; droits de trouver le roi, qui accepte les charges de la couronne, et nous défende contre la Révolution sous quelque forme qu'elle se présente.

Monsieur le Comte de Chambord écrivait un jour : « Ma Personne n'est rien ; mon principe est tout. » En rendant un juste hommage au grand prestige de cette royale personnalité, nous ne pouvons mettre en doute la force morale attachée au principe monarchique en lui-même. Cette force morale ne fait qu'un avec le véritable réprésentant du principe ; c'est à nous, royalistes convaincus, à lui apporter la force matérielle, en nous groupant autour de lui. Nous ne devons pas attendre de la constater, cette force, pour remplir notre devoir.

Non, la plus ou moins grande facilité de faire arriver un prétendant au trône n'est pas une raison suffisante pour s'attacher à lui. Cette pensée serait la contradiction de notre passé, de nos luttes, et de nos principes ! Je sais et je sens ce qu'il y a de pénible pour un patriotisme sincère à ne pas céder au courant, qui peut-être amènerait rapidement un changement de gouvernement, et nous délivrerait de la République, qui mène vite la France à sa ruine. Le véritable dévouement, à mon avis, doit se placer à un point de vue plus élevé, et, avant toute autre considération, chercher à sauvegarder l'intégrité du principe monarchique et la possibilité d'obtenir le triomphe des vérités sociales et religieuses, pour lesquelles, à la suite d'Henri V, nous n'avons cessé de combattre ; la reconnaissance des droits de Dieu sur les sociétés ; le rétablissement de l'ordre social chrétien ; et cette protection venant d'une souveraineté, qui gouverne et garde sa juste part de puissance et de responsabilité. Là, en effet, est le véritable salut pour le pays et la sécurité pour son avenir.

Quoique en écrivant ces lignes, nous n'obéissions qu'au désir de rechercher la vérité historique et le droit dans l'ordre de la succession au trône de France, nous ne pouvons nous empêcher de faire remarquer à nos amis qu'en se rangeant autour de Monsieur le Comte de Paris, ce n'est pas seulement une grave atteinte qu'ils portent au principe, mais qu'ils livrent encore la France et le groupe monarchique à des tendances politiques qui ne peuvent que nous inspirer des appréhensions.

Le passé de quatre générations pèse lourdement sur la confiance que l'on peut mettre en ce prince. Je ne veux pas revenir sur ce passé, mais, tout en rendant hommage à ce qu'a de respectable sa vie privée, on n'a pas le droit d'oublier quelles influences présidèrent à l'éducation du chef de la maison d'Orléans, influences qui sont devenues les amitiés de l'âge mûr. On en retrouve la trace indiscutable dans ses écrits. Se figurer

que ce prince rompra avec ce qui fut toujours lui et
ses amis, c'est, il me semble, vouloir se faire illusion
de parti pris ; c'est nier le passé avec les relations et
les liens qu'il impose ; c'est nier le présent, qui trouve
Monsieur le Comte de Paris, entouré d'éléments divers
qu'il ne peut tous conserver qu'en les opposant les uns
aux autres, et en se livrant à une politique d'équilibre
parlementaire. Peut-on croire que de semblables idées
gouvernementales, basées sur la nécessité de concessions à faire, puissent maîtriser le déchaînement du
socialisme athée ? Non, l'heure n'est plus aux demi-
mesures et aux émoussements moraux du parlementa-
risme. Nous sommes, qu'on ne l'oublie pas, sur un volcan
démagogique, qui menace de bouleverser toute l'Europe
et d'anéantir toutes les garanties de l'ordre social.

Du reste, vous, les soldats de cette vaillante pha-
lange qui suivait Henri V avec conviction et amour,
pouvez-vous condamner vos aspirations et vos idées à
n'être plus défendues que par un groupe, toujours
battu, d'extrême droite ? Allez à l'application vraie du
principe monarchique ; vous lui donnerez la force, qui
semble lui faire défaut, en présence du courant
momentané que l'on a produit vers Monsieur le
Comte de Paris, et vous pourrez encore espérer servir
efficacement votre pays. C'est là que nous retrouverons
ce drapeau blanc, avec lequel Henri V nous a toujours
conduits dans le droit chemin. C'est sur sa tombe, qu'il
abrite suivant son désir, que ses neveux le relèveront,
en nous donnant le Roi et en maintenant le programme
gouvernemental, que nous fait si ardemment désirer
notre amour pour la France et pour notre Dieu.

Toulouse, septembre 1883.

PIÈCES JUSTIFICATIVES

I. — Traités d'Utrecht.

Traité de Paix

Conclu entre Louis XIV, roi de France, et Anne, reine de la
Grande-Bretagne, à Utrecht, le 11 avril 1713.

D'autant qu'il a plû à Dieu tout-puissant et miséricordieux, pour
la gloire de son saint nom, etc., etc. . . . . . .
. . . .

1. Rétablissement de la paix.

Il y aura une paix universelle et perpétuelle, une vraie et sincère
amitié entre le Sérénissime et très puissant prince Louis XIV, roi
très chrétien, et la Sérénissime et très puissante princesse Anne,
reine de la Grande-Bretagne, leurs héritiers et successeurs, leurs
royaumes, états et sujets, tant au dedans qu'au dehors de l'Europe;
cette paix sera inviolablement observée entre eux si religieusement
et sincèrement, qu'ils feront mutuellement tout ce qui pourra con-
tribuer au bien, à l'honneur, et à l'avantage l'un de l'autre, vivant
en tout comme bons voisins, et avec une telle confiance et si réciproque que cette amitié soit de jour en jour fidèlement cultivée,
affermie et augmentée.

2. Les hostilités cesseront.

3. Oubli du passé et amnistie générale.

4. Le roi de France reconnaît l'ordre de succession à la couronne de la Grande-Bretagne.

Et pour affermir de plus en plus l'amitié fidèle et inviolable qui est établie par cette paix, et pour prévenir tous prétextes de défiance qui pourraient naître, en quelque temps que ce soit, à l'occasion de l'ordre et droit de succession héréditaire établie dans le royaume de la Grande-Bretagne, de la manière qu'elle a été limitée par les lois de la Grande-Bretagne, tant sous le régime de Guillaume III, de très glorieuse mémoire, que sous le présent règne de ladite reine, en faveur de ses descendants, et au défaut d'iceux, en faveur de la Sérénissime princesse Sophie, Douairière de Brunswick-Hanover, et ses héritiers dans la ligue protestante d'Hanover : Et afin que cette succession demeure ferme et stable, le Roi très chrétien reconnaît sincèrement et solennellement ladite succession au royaume de la Grande-Bretagne limitée comme dessus, et déclare et promet en foi et parole de roi tant pour lui que ses héritiers et successeurs, de l'avoir pour agréable à présent et à toujours, engageant à cet effet son honneur et celui de ses successeurs, promettant en outre sous la même foi et parole de roi, sous le même engagement d'honneur, tant pour lui que ses successeurs, de ne reconnaître jamais qui que ce soit pour roi ou reine de la Grande-Bretagne, si ce n'est ladite reine et ses successeurs selon l'ordre de ladite limitation : Et afin de donner plus de force à cette reconnaissance et promesse, le roi très chrétien promet que lui et ses successeurs et héritiers, apporteront tous leurs soins pour empêcher que la personne, qui, du vivant du roi Jacques II, avait pris le titre de prince de Galles, et au décès dudit roi celui de roi de la Grande-Bretagne et qui depuis est sorti volontairement du royaume de France, pour aller demeurer ailleurs, ne puisse y rentrer, ni dans aucune des provinces de ce royaume, en quelque temps et sous quelque prétexte que ce puisse être.

5. Ne prêtera point de secours contre cet ordre.

Le roi très chrétien promet de plus, tant en son nom que pour ses héritiers et successeurs, de ne jamais troubler ni molester ladite reine de la Grande-Bretagne, ses héritiers et successeurs, issus de la ligue protestante, qui possèderont la couronne de la Grande-Bretagne et les États qui en dépendent, de ne donner ni lui, ni aucun de ses successeurs, directement ou indirectement, par terre ou par mer, en argent, armes, munitions, appareils de guerre, vaisseaux, soldats, matelots, et en quelque manière ou en quelque temps que ce soit, aucune assistance, secours, faveur, ni conseil à aucune personne ou personnes quelle qu'elles puissent être, qui sous quelque prétexte ou cause que ce soit, voudraient s'opposer à l'avenir à ladite succession soit ouvertement, ou en fomentant des séditions et formant des conjurations contre tel prince ou princes, qui en vertu desdits actes du Parlement occuperont le trône de la Gr.-Bretagne, ou contre le prince ou la princesse en faveur de qui ladite succession à la couronne de la Gr.-Bretagne sera ouverte par lesdits actes du Parlement.

6. La France et l'Espagne ne seront jamais réunies.

D'autant que la guerre, que la présente paix doit éteindre a été allumée principalement, parce que la sûreté et la liberté de l'Europe ne pouvaient pas absolument souffrir que les couronnes de France et d'Espagne fussent réunies sous une même tête, et que sur les instances de Sa Majesté Britannique, et du consentement tant de Sa Majesté très chrétienne, que de Sa Majesté catholique, on est enfin parvenu, par un effet de la Providence divine, à prévenir ce mal pour tous les temps à venir, moyennant des renonciations conçues dans la meilleure forme, et faites en la manière la plus solennelle dont la teneur suit ci-après.

(S'ensuivent ici les actes concernant les renonciations réciproques du roi Philippe, d'une part, et de M. le duc de Berry et de M. le duc d'Orléans d'autre part) (*).

Etant suffisamment pourvu par la renonciation ci-relative, laquelle doit être éternellement une loi inviolable et toujours observée, à ce que le roi catholique, ni aucun prince de sa postérité, puisse jamais aspirer ni parvenir à la couronne de France, et d'un autre côté les renonciations réciproques à la couronne d'Espagne faites par la France, lesquelles tendent à la même fin, ayant ainsi suffisamment pourvu à ce que les couronnes de France et d'Espagne demeurent séparées et désunies ; de manière que les susdites renonciations et les autres transactions qui les regardent, subsistant dans leur vigueur et étant observées de bonne foi, ces couronnes ne pourront jamais être réunies : Ainsi le Sérénissime roi très chrétien et la Sérénissime reine de la Grande-Bretagne s'engagent solennellement et par parole de roi, l'un à l'autre, qu'eux, ni leurs héritiers et successeurs ne feront jamais rien, ni ne permettront que jamais il soit rien fait capable d'empêcher les renonciations et autres transactions susdites d'avoir leur plein et

(*) La renonciation de Philippe V se trouve relatée page 17.

entier effet ; au contraire Leurs Majestés royales prendront un soin sincère et feront leurs efforts, afin que rien ne donne atteinte à ce fondement du salut public, ni ne puisse l'ébranler : En outre, Sa Majesté très chrétienne demeure d'accord et s'engage que son intention n'est pas de tâcher d'obtenir, ni même d'accepter à l'avenir que pour l'utilité de ses sujets, il soit rien changé, ni innové dans l'Espagne, ni dans l'Amérique Espagnole, tant en matière de commerce qu'en matière de navigation, aux usages pratiqués en ces pays sous le régime du feu roi d'Espagne Charles II, non plus que de procurer à ses sujets dans les susdits pays aucun avantage qui ne soit pas accordé de même dans toute son étendue aux autres peuples et nations, lesquelles y négocient.

7. Liberté du commerce.

8. La justice sera rendue.

9. Les fortifications et le port de Dunkerque seront rasés.

10. La France rendra à la Grande-Bretagne la Baye de Hudson.

11. Et donnera satisfaction pour les pertes que les Anglais y ont soufferies.

12. On cède à la Grande-Bretagne l'île de Saint-Christophe, l'Acadie, etc.

13. L'île de Terre-Neuve.

14. Les habitants des endroits pourront en sortir.

15. Amitié à observer en Amérique.

16. Les lettres de marque et représailles abolies. — Toutes les lettres, tant de représailles que de marque et de contre-marque qui ont été délivrées jusqu'à présent pour quelque cause et occasion que ce puisse être, demeureront et seront réputées nulles, inutiles, et sans effet, et à l'avenir aucune des dites Majestés n'en délivrera de semblables contre les sujets de l'autre, s'il n'apparaît auparavant d'un délay ou d'un déni de justice manifeste, ce qui ne pourra être tenu pour constant à moins que la requête de celui qui demandera des lettres de représailles, n'ait été rapportée ou représentée au ministre ou ambassadeur qui sera dans le pays de la part du prince contre les sujets duquel on poursuivra lesdites lettres, afin que dans l'espace de quatre mois, il puisse s'éclaircir du contraire, ou faire en sorte que le défenseur satisfasse incessamment le demandeur, et s'il ne se trouve sur ce lieu aucun ministre ou ambassadeur du prince contre les sujets duquel on

demandera lesdites lettres, l'on ne les expédiera encore qu'après quatre mois expirés, à compter du jour que la requête de celui qui demandera lesdites lettres, aura été présentée au prince contre les sujets duquel on les demandera, ou à son conseil privé.

17. Prises faites pendant la suspension d'armes.

18. **Entreprise contre la paix ne la fera pas d'abord cesser.** — Que s'il arrivait par hasard, inadvertance, ou autre cause quelle qu'elle puisse être, qu'aucun des sujets desdites Majestés fît ou entreprît quelque chose par terre, par mer ou autres eaux en quelques lieux du monde que ce soit, qui pût contrevenir au présent traité, et en empêcher l'entière exécution ou quelqu'un de ses articles en particulier, la paix et bonne correspondance rétablie entre ledit roi très chrétien et ladite reine de la Gr.-Bretagne ne sera pas troublée, ni censée interrompue à cette occasion, et elle demeurera toujours au contraire en son entière et première force et vigueur ; mais seulement celui desdits sujets qui l'aura troublée, répondra de son fait particulier, et en sera puni conformément aux lois en suivant les règles établies par le droit des gens.

19. **En cas de rupture, on pourra retirer les effets.** — Et s'il arrivait aussi (ce qu'à Dieu ne plaise) que les mésintelligences et inimitiés éteintes par cette paix se renouvelassent entre leurs dites Majestés et qu'ils en vinssent à une guerre ouverte, tous les vaisseaux, marchandises, et tous les effets mobiliaires des sujets de l'une des deux parties qui se trouveront engagés dans les ports et lieux de la domination de l'autre, n'y seront point confisqués ni en aucune façon endommagés ; mais l'on donnera aux sujets desdites Majestés le terme de six mois entiers, à compter du jour de la rupture, pendant lesquels ils pourront sans qu'il leur soit donné aucun trouble ni empêchement, vendre, enlever, ou transporter ou bon leur semblera, leurs biens de la nature ci-dessus exprimée et tous leurs autres effets, et se retirer eux-mêmes.

20. On donnera satisfaction aux alliés.

21. Pour l'Empire.

22. Aux familles d'Hamilton, de Richemont et Douglas.

23. Les prisonniers rendus.

24. La paix avec le roi de Portugal.

25. Avec le duc de Savoye.

26. Compris dans cette paix.

4

27. Encore.

28. Ceux aussi qui voudront y être compris.

29. Ratification.

30. En foi de quoi, nous soussignés, ambassadeurs extraordinaires plénipotentiaires du roi très chrétien et de la reine de la
Grande-Bretagne, avons signé les présents articles de notre main,
et y avons fait apposer les cachets de nos armes.

Fait à Utrecht, le 11 avril 1713.

HUXELLES,   Joh. BRISTOL, c. p. o.

MESNAGER.   STRAFFORT.

Traité de Paix.

Conclu entre Louis XIV. roi de France, et Victor-Amé II, duc de Savoye,
à Utrecht, le 11 avril 1713.

Soit notoire à tous présents et à venir, qu'ayant plu à Dieu, après
une très longue et très sanglante guerre, d'inspirer à toutes les
puissances qui y sont intéressées un sincère désir de la paix, etc...

. . . .

1. Assurance d'une paix générale.

2. Oubli de tout le passé et amnistie universelle.

3. On rendra au duc de Savoye tout ce qu'on lui a pris.

4. Règlement des limites aux Alpes.

5. On remettra la Sicile au duc de Savoye.

6. Succession éventuelle de la Maison de Savoye à la couronne
d'Espagne. — Le roi très chrétien consent pareillement, et veut
que la connaissance et la déclaration du roi d'Espagne, qui au
défaut des descendants de Sa Majesté catholique, assure la succes-

sion de la couronne d'Espagne et des Indes à Son Altesse Royale
de Savoye, à ses descendants mâles nés en constant et légitime
mariage, à l'exclusion de tous autres, fasse, et soit tenue pour une
partie essentielle de ce traité, suivant toutes les clauses spécifiées,
et exprimées dans l'acte fait par Sa Majesté catholique le 5 novembre 1712. passé, approuvé et confirmé par les Etats ou Cortès d'Espagne par un acte du 9 dudit mois de novembre, lesquels actes du
roi d'Espagne et des Cortès seront insérés dans le Traité qui sera
conclu entre Sa Majesté catholique et Son Altesse Royale de Savoye,
et doivent être tenus pour exprimés ici, comme s'ils y étaient
insérés mot à mot. Les renonciations que Monseigneur le duc de
Berry et Monseigneur le duc d'Orléans ont faites pour eux, et leurs
descendants pour toujours à tous droits, et espérance de succession
à la monarchie et couronne d'Espagne et des Indes, pour les raisons, causes et motifs contenus dans les actes qu'ils ont passés le
19 et 24 novembre 1712, et dont la teneur et les Lettres patentes
du roi très chrétien, du mois de mars dernier, seront insérés à la
fin du présent Traité, sont et feront. de même à perpétuité partie
essentielle de ce Traité ; Sa Majesté très chrétienne connaissant les
motifs des susdites reconnaissances, déclarations, renonciations et
actes, et qu'ils font le fondement et la sûreté de la durée de la
paix, promet pour Elle, ses successeurs et les princes qui ont fait
lesdites renonciations, et leurs descendants, qu'ils seront inviolablement observés, et de n'y jamais contrevenir, ni permettre qu'il
y soit contrevenu, directement ou indirectement, en tout ou en
partie de quelque manière ; ou par quelque voie que ce soit, mais,
au contraire, d'empêcher qu'il n'y soit contrevenu par qui que ce
soit, en quelque temps que ce soit, et pour quelques causes, raisons,
ou motifs que ce puisse être. S. M. T. C. s'engageant pour Elle, et
ses successeurs de maintenir envers et contre tous, nul excepté, le
droit de succession de Son Altesse Royale de Savoye, et des princes
de la Maison de Savoye, à la couronne d'Espagne et des Indes,
conformément à la manière dont il est établi par acte fait par le
roi d'Espagne le 5 novembre 1712, par celui des Etats ou Cortès
d'Espagne du 9 novembre 1712, et par les renonciations de Monseigneur le duc de Berry et de Monseigneur le duc d'Orléans, et
autres actes sus-dits ; comme aussi d'employer (le cas arrivant) ses
forces, en tant que besoin sera, pour mettre en possession de
ladite succession le prince de la Maison de Savoye, à qui elle
appartiendra suivant l'ordre de vocation, envers et contre tous ceux
qui voudraient s'y opposer. — Tous actes et protestations qui
pourraient avoir été ou être faits contraire aux sus-dites déclarations,
renonciations et actes, et aux droits reconnus, et établis en iceux,

devant être censés, et réputés contraires à la sûreté de la paix et à la tranquillité de l'Europe, sont par le présent Traité déclarés nuls, et de nul effet à jamais.

7. Confirmation de ce que l'empereur Léopold avait cédé à la Savoye.

8. La Savoye peut fortifier ses frontières.

9. Le prince de Monaco prêtera hommage pour quelques fiefs à Son Altesse Royale de Savoye.

10. Liberté de commerce en Italie.

11. Le duc de Savoye peut vendre les terres qu'il a en France.

12. Les saisies et confiscations sont levées.

13. Les sentences seront valables.

14. Les fournitures seront payées.

15. Les prisonniers relâchés.

16. Les Traités antérieurs confirmés.

17. On comprendra dans cette paix.

18. Confirmation de ce Traité.

Et afin que le présent Traité soit inviolablement observé, S. M. très chrétienne et Son Altesse Royale promettent de ne rien faire contre et au préjudice d'icelui, ni souffrir être fait, directement ou indirectement, et si fait était, de le faire réparer sans aucune difficulté, ni remise, et elles s'obligent respectivement à son entière observation ; et sera le présent Traité confirmé avec des termes convenables et efficaces dans tous ceux que Sa Majesté T. C. fera avec les puissances alliées.

19. Ratification. — Sera le présent Traité approuvé et ratifié par Sa Majesté Très Chrétienne, et par Son Altesse Royale, et les lettres de ratification seront échangées et délivrées respectivement dans le terme d'un mois, ou plustôt s'il est possible, à Utrecht, cependant toutes hostilités cesseront de part et d'autre dès à présent.

Sont insérés dans l'original l'acte de renonciation de M. le duc de Berry du 19 novembre 1712. Celui de M. le duc d'Orléans du 25 dudit novembre. — Les lettres patentes du roi T. C. du mois de mars 1713.

En foi de quoi nous embassadeurs, et plénipotentiaires du roi Très Chrétien et de Son Altesse Royale de Savoye et en vertu de nos Pleins pouvoirs avons signé le présent Traité et avons fait apposer les cachets de nos armes. — Fait à Utrecht le 11 avril 1713. —

HUXELLES.

MESNAGER.

LE C. MAFFEI.

SOLAR DU BOURG.

P. MELLARÈDE.

Traité de Paix

Conclu entre Louis XIV, roi de France, et Jean V, roi de Portugal.
A Utrecht, le 11 avril 1713.

(Ne traite pas des questions de la succession d'Espagne).

Traité de Paix

Conclu entre Louis XIV, roi de France, et Frédéric Guillaume,
roi de Prusse. A Utrecht, le 11 avril 1713.

(Ne traite pas des questions d'Espagne.)

Traité de Paix

Conclu entre Louis XIV, roi de France, et les Seigneurs Etats-
Généraux dés Provinces-Unies des Pays-Bas.
A Utrecht, le 11 avril 1713,

Au nom de la Très Sainte-Trinité.

A tous présents et à venir soit notoire, que pendant le cours de la plus sanglante guerre, dont l'Europe ait été affligée depuis long-temps, il a plu à la divine Providence de préparer à la Chrétienté la fin de ses meaux. . . . .

1. Rétablissement de la Paix.

31. L'Espagne et la France ne seront jamais réunies.

Puisque l'on convient qu'il est absolument nécessaire d'empêcher que les couronnes de France et d'Epagne ne puissent jamais être unies sur la tête d'un même roi, et de pourvoir par ce moyen à la sûreté et à la liberté de l'Europe ; et que sur les instances très fortes de la reine de la Gr. Bretagne, et du consentement tant du roi très chrétien que du roi catholique, ont été trouvés les moyens d'empêcher cette réunion pour toujours par des renonciations faites dans les termes les plus forts, et passés à Madrid dans le mois de novembre dernier, de la manière la plus solennelle, et par la déclaration des Cortès là-dessus.

Et puisque par les dites renonciations et déclarations, qui doivent toujours avoir la force de loi pragmatique fondamentale et inviolable, il y a été arrêté et pourvu, que ni le roi catholique lui-même, ni aucun de ses descendants, ne puisse à l'avenir prétendre à la couronne, moins encore monter sur le trône.

Et d'autant que par des renonciations réciproques de la part de la France, qui tendent au même but, les deux couronnes de France et d'Espagne, sont tellement séparées et désunies l'une d'avec l'autre, que (les dites renonciations, transactions, et tout ce qui y a rapport demeurant dans leur vigueur, et étant observés de bonne foi) les dites deux couronnes ne pourront jamais être unies. — C'est pourquoi le roi très chrétien et Lesd. Seigneurs Etats se promettent et s'engagent mutuellement et de la manière la plus forte, qu'il ne sera jamais rien fait ni par Sa Majesté Très Chrétienne, ses héritiers et successeurs, ni par les dits Seigneurs Etats, ni permis ou souffert que d'autres fassent, que les dites renonciations, transactions, transports et tout ce qui y a rapport, ne sortent leur plein et entier effet; mais au contraire, S. M. T. C. et les Seigneurs Etats prendront toujours soin, et joindront leurs conseils et leurs forces, afin que les dits fondements du salut public demeurent toujours inébranlables et soient observés inviolablement.

32. La France ne prétendra pas à de plus grands avantages en Espagne.

33. Traités de Westphalie confirmés.

34. Rhuisels et Saint-Goar.

35. La contravention ne fera pas cesser la paix. — Si par inadvertence ou autrement, il survenait quelque inobservation ou inconvénient au présent Traité de la part de Sa dite Majesté ou des dis-Seigneurs Etats-Généraux et leurs successeurs, cette paix et alliance

ne laissera pas de subsister en toute sa force, sans que pour cela on en vienne à la rupture de l'amitié et de la bonne correspondance ; mais on réparera promptement les dites contraventions ; et si elles procèdent de la faute de quelques particuliers sujets, ils en seront punis et chatiés.

36. Quand il y aura quelque rupture, on pourra néanmoins retirer les effets. — Et pour mieux assurer à l'avenir le commerce et l'amitié entre les sujets du dit Seigneur Roi et ceux des dits Etats-Généraux des Provinces-Unies des Pays-Bas, il a été accordé et convenu qu'arrivant ci-après quelque interruption d'amitié ou rupture entre la couronne de France et les dits Seigneurs Etats des dites Provinces-Unies (ce qu'à Dieu ne plaise) il sera toujours donné neuf mois de temps après la dite rupture, aux sujets de part et d'autre, pour se retirer avec leurs effets, et les transporter où bon leur semblera, ce qui leur sera permis de faire ; comme aussi de vendre ou transporter leur biens et meubles en toute liberté, sans qu'on leur puisse donner aucun empêchement, ni procéder pendant le dit temps de neuf mois à aucune saisie de leurs effets. moins encore à l'arrêt de leurs personnes.

37. Sont compris dans cette paix.

38. Enregistrement de la paix.

39. Ratification. — Le présent Traité sera ratifié et approuvé par le Seigneur Roi et les Seigneurs Etats-Généraux, et les lettres de ratification seront délivrées dans le terme de trois semaines, où plutôt, si faire se peut, à compter du jour de la signature.

En foi de quoi nous ambassadeurs extraordinaires et Plénipotentiaires de Sadite Majesté, et des Seigneurs Etats-Généraux, en vertu de nos pouvoirs respectifs, avons, esdits noms, signé ces présentes de nos seings ordinaires, et à icelles fait apposer les cachets de nos armes, à Utrecht le 11 avril 1713.

HUXELLES.
MESNAGER.

J. V. RAUDWYCK.
Willem BUYS
B. V. DUSSEN.
C. V. GHEEL van SPAUBROUK.
F. A Baron de REDE de REÜSWONDE
S. V. GOSLINGA.
Graef V. KUIPHUYSEN.

Traité de Paix et d'Amitié

Entre la Reine de la Grande-Bretagne et le Roi d'Espagne.

Conclu à Utrecht, le 13 juillet 1713.

D'autant qu'il a plu à Dieu, en suite d'une guerre cruelle, laquelle a rempli la meilleure partie de la Chrétienté de désolation, de sang et de carnage, de disposer par la clémence divine, les esprits des princes engagés dans cette guerre, à la paix, etc., etc. . . . . .

. . . .

1. Paix et amitié rétablie.

2. L'Espagne et la France ne seront jamais réunies, renonciations pour cet effet. — Et comme la guerre qu'on vient de terminer heureusement par cette paix, a été entreprise au commencement, et continuée si longtemps avec tant d'animosité et des dépenses immenses, aussi bien qu'avec une effusion de sang inexprimable, à cause du danger éminent dont la liberté et la sûreté de toute l'Europe a été menacée par l'union trop étroite des royaumes d'Espagne et de France : et que pour effacer les inquiétudes et les soupçons dont les esprits ont été agités, et rétablir la paix et la tranquilité de la chrétienté par un juste équilibre de puissance, qui est le meilleur et le plus sûr fondement d'une amitié mutuelle et d'une union durable de part et d'autre, le roi cotholique et le roi très chrétien ont consenti que l'on prenne soin par des précautions suffisantes, d'empêcher que les royaumes d'Espagne et de France puissent jamais être unis sous la même domination, ou qu'une même personne puisse jamais devenir roi des deux royaumes. — A cette fin Sa Majesté Catholique a renoncé pour Elle-même, ses héritiers et successeurs, dei la manière la plus solennelle, à tous les droits, titres et prétentions qu'Elle pourrait avoir à la couronne de France, etc. . . . .

Et Sadite Majesté Catholique renouvelle et confirme par cet article la renonciation solennelle sus-mentionnée, faite de son côté : et comme Elle a obtenu la force d'une loi générale et fondamentale, Sadite Majesté s'engage de nouveau de la manière la plus sacrée, de l'observer et de la faire observer inviolablement : et Elle travaillera aussi, avec toute l'ardeur possible, à faire observer irrévocablement les autres renonciations et les exécuter, tant de la part de l'Espagne que de la France, puisque tant qu'elles subsisteront et seront en pleine force et fidèlement observées de part et d'autre, aussi bien que les autres conventions faites à cet égard, les couronnes d'Espagne et de France seront tellement séparées et divisées l'une de l'autre, qu'elles ne pourront jamais être liées ensemble.

3. Amnistie et oubli du passé.

4. Les prisonniers relâchés.

5. La succession Protestante à la couronne de la Grande-Bretagne reconnue.

6. L'Espagne ne fera rien contre cette succession. — Ledit Roi Catholique promet de plus pour lui, pour ses héritiers et ses successeurs, de ne troubler, ni inquiéter en quelque façon que ce soit, ladite reine de la Gr.-Bretagne, ses successeurs de la ligue protestante susdite, qui seront en possession du royaume de la Gr.-Bretagne et des Etats qui en dépendent. — Ledit roi Catholique s'engage de plus, de n'assister directement ou indirectement, de ne conseiller, ni favoriser, ni secourir, par mer ni par terre ni de quelque manière que ce puisse être, d'argent, d'armes, munitions, instruments de guerre, vaisseaux, soldats, ni de matelots, la personne ou les personnes, quelles qu'elles puissent être, qui, sous quelque motif ou prétexte que ce soit pourraient prétendre à l'avenir de tâcher de s'opposer à ladite succession soit par une guerre ouverte, ou en favorisant les cabales et les conspirations formées contre le prince ou les princes qui seront en possession du trône de la Grande-Bretagne, en vertu des actes du Parlement qu'on y a faits ; ou contre le prince ou la princesse auxquels la succession de la couronne de la Gr.-Bretagne appartiendra, en vertu d'actes de Parlement sus-mentionnés.

7. La justice ordinaire rétablie.

8. La liberté du commerce excepté pour l'Amérique.

9. Privilèges réciproques pour le commerce.

10. L'Espagne cède Gibraltar à la Grande-Bretagne.

11. L'Ile de Minorque et le Port-Mahon.

12. Le Traité d'Assiento confirmé.

13. Amnistie pour la Catalogne.

14. Le royaume de Sicile cédé à la Savoye.

15. Les Traités antérieurs confirmés.

Leurs Royales Majestés renouvellent et confirment aussi de part et d'autre tous les Traités de paix, d'amitié, de confédération et de commerce, faits par le passé et conclus entre les couronnes de la Gr-Bretagne et d'Espagne, et les dits Traités sont renouvelés et confirmés par les présents, aussi amplement, qne s'ils étaient particulièrement insérés en celui-ci; c'est-à-dire, en tant qu'ils ne dérogent point et ne sont point contraires aux Traités de paix et de commerce qui ont été faits et signés les derniers. — Et l'on confirme particulièrement, par le présent Traité, lesdits accords, traités et conventions, tant par rapport à l'exercice du commerce et de la navigation en Europe et ailleurs, qu'à l'introduction des Nègres dans les Indes occidentales Espagnoles, lesquels sont déjà faits, ou sur le point de l'être entre les deux nations à Madrid. — Et d'autant qu'on insiste du côté de l'Espagne qu'on accorde aux peuples de Guipuscoa et autres sujets de Sa Majesté Catholique certains droits de pêche aux environs de l'île de Terre-Neuve, Sa Majesté Britannique consent et convient, que l'on accorde et conserve aux dits peuples de Guipuscoa et autres sujets de l'Espagne, tous les privilèges auxquels ils pourront prétendre de droit.

16. Suspension d'armes et prises faites.

17. Une contravention ne fera pas cesser la paix. — Que s'il arrivait par inadvertance, imprudence ou autre cause, quelle qu'elle puisse être, qu'aucun des sujets de leurs dites Royales Majestés fît ou entreprit quelque chose par terre, par mer ou dans les eaux douces, en quelque lieu du monde que ce soit, qui pût contrevenir au présent Traité, et en empêcher l'entière exécution, ou quelqu'un de ces articles en particulier, la paix et bonne correspondance rétablie entre la Reine de la Gr.-Bretagne et le Roi Catholique ne sera pas troublée, ni censée interrompue à cette occasion, et elle demeurera toujours au contraire, en son entière et première force et vigueur; mais seulement celui desdits sujets qui l'aura troublée, répondra de son fait particulier, et en sera puni conformément aux lois, et suivant les règles établies par le droit des gens.

18. En cas de rupture on accorde du temps pour retirer les effets. — Et s'il arrivait aussi, ce qu'à Dieu ne plaise, que les mésintelligences et inimitiés éteintes par cette paix, se renouvel-

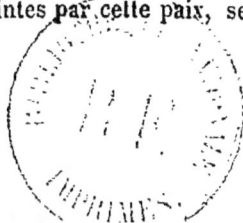

lassent entre leursdites Royales Majestés et qu'elles en vinssent à une guerre ouverte, tous les vaisseaux, marchandises, effets mobiliaires et biens engagés dans les ports et lieux de domination de l'un ou de l'autre, n'y seront point confisqués, ni en aucune façon endommagés ; mais l'on donnera aux sujets de leursdites Royales Majestés le termes de six mois entiers, pendant lesquels ils pourront, sans qu'il leur soit donné aucun trouble ou empêchement, vendre, enlever, ou transporter ou bon leur semblera leurs biens ou effets de la nature ci-dessus exprimée.

19. Sont compris dans cette paix.

20. La paix avec le Portugal confirmée.

21. De même avec la Savoye. — Le Traité de paix conclu aujourd'hui entre Sa Royale Majesté Catholique et Son Altesse Royale le duc de Savoye, est inclus tout particulièrement et confirmé par le présent Traité, comme en faisant une partie essentielle, et comme y étant inséré mot à mot, Sa Royale Majesté de la Gr.-Bretagne déclarant expressément qu'Elle s'en tiendra aux termes de la promesse et de la garantie qui y est contenue.

22. La Suède, les ducs de Toscane et de Parme sont compris dans ce Traité.

23. La République de Venise.

24. La République de Gênes.

25. La ville de Dantzic.

26. Ratification. — Enfin les ratifications solennelles du présent Traité, expédiées en bonne et dûe forme, seront échangées de part et d'autre, dans le terme de six semaines, à compter du jour que ledit Traité aura été signé, ou plutôt s'il est possible.

En foi de quoi, nous les ambassadeurs extraordinaires et plénipotentiaires susnommés, ayant produit de part et d'autre nos Pleinspouvoirs, et en ayant duement fait l'échange, avons signé le présent Traité, et y avons fait apposer le cachet de nos armes. — Fait à Utrecht le 13e jour de juillet de l'an de grâce 1713.

Joh. BRISTOL, c. p. s.   D. de OSSUNA.

STRAFFORD.   El Marque de MONTELEONE.

II. — Négociations de Lord Stairs et du duc d'Orléans.

(Extrait *des Mémoires de Duclos*).

Plus d'un an avant la mort de Louis XIV, Stairs, ambassadeur d'Angleterre en France, avait cherché à se lier avec le futur régent.

Il sentit bien que, si le duc du Maine avait l'autorité, élevé dans les principes du roi, il serait favorable à la Maison Stuart ; il se tourna donc vers le duc d'Orléans ; et par le moyen de l'abbé Dubois, eut des conférences secrètes, et persuada à ce prince que le roi Georges et lui avaient les mêmes intérêts. Pour gagner d'autant mieux sa confiance, il convenait que Georges était un usurpateur à l'égard des Stuarts ; mais il ajoutait que si la faible rejeton de la famille royale en France venait à manquer, toutes les renonciations n'empêcheraient pas que lui, duc d'Orléans, ne fût regardé comme un usurpateur à l'égard du roi d'Espagne. — Il ne pouvait donc, disait Stairs, avoir d'allié plus sûr que le roi Georges. L'abbé Dubois, qui avait les vues que nous verrons dans la suite, s'appliqua continuellement à inspirer ces sentiments à son maître.

A peine le duc d'Orléans était-il déclaré régent, que Stairs vint le trouver. — Il lui parla d'une conspiration vraie ou fausse, qui était, disait-il, près d'éclater à Londres contre le roi Georges, et lui proposa un traité de garantie pour les successions de France et d'Angleterre.   .   .   .   .

.   .   .   .

Imp. Saint-Cyprien, allée de Garonne, 27.

DESCENDANCE
DE
LOUIS XIII

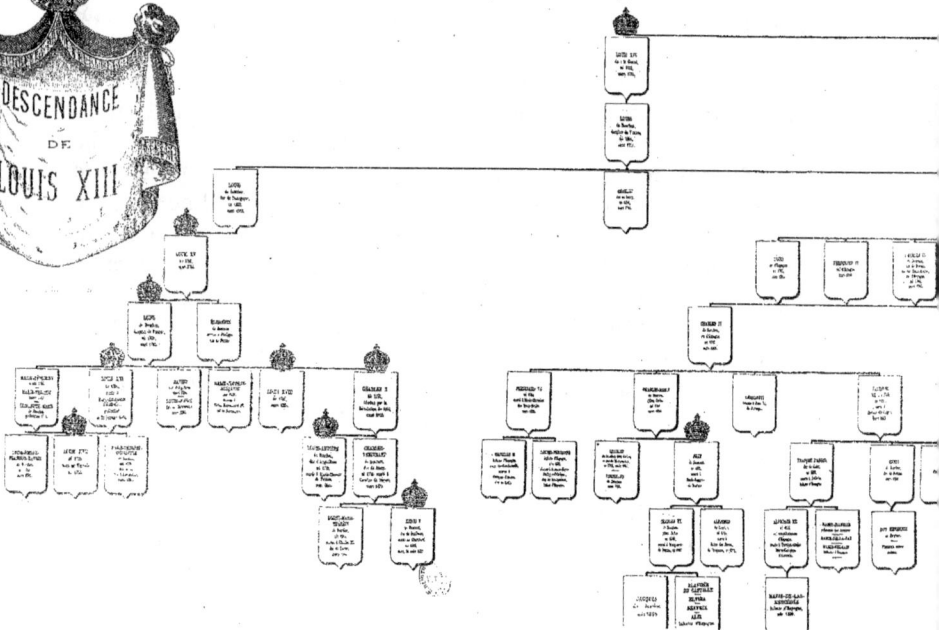

DESCENDANCE DE LOUIS XIII

www.ingramcontent.com/pod-product-compliance
Lightning Source LLC
LaVergne TN
LVHW022030080426
835513LV00009B/950